EL GOLDEN
RETRIEVER

F. Cattaneo

EL GOLDEN RETRIEVER

EDITORIAL DE VECCHI

ADVERTENCIA

Este libro es sólo una guía introductoria de la raza. Para criar un perro es necesario conocer a fondo su temperamento y tener nociones generales de psicología y comportamiento animal, que no están contenidas en la presente obra. Se advierte que si se orienta mal a un perro, este puede ser peligroso.
Por otra parte se recuerda que, lógicamente, sólo un profesional acreditado puede adiestrar a un perro y que cualquier intento de hacerlo por cuenta propia constituye un grave error. Es obvio que bajo ningún concepto debe permitirse que los niños jueguen con un perro si el propietario no está presente.

Agradecemos al criadero Villa Soldati, de Grange di Nole (Turín), a Sara y Stefano Santambrogio, de Gavirate (Varese), a Stefania Roche Sammaruga, de Bussoleto (Turín), y al centro cinófilo Arcadia, de Grange di Nole (Turín), las facilidades que nos han dado para realizar el reportaje fotográfico .

Texto de la segunda parte de Florence Desachy.

Traducción de Gustau Raluy Bruguera.

Diseño gráfico de la cubierta de Design 3.

Fotografías de Paola Visintini, excepto: páginas 101, 114, 123, 133 de Hermeline/Cogis; páginas 104, 109 (abajo) y 116 (arriba) de Francais/Cogis; páginas 109 (arriba) y 116 (abajo) de Labat/Cogis; páginas 110 y 127 de Gehlhar/Cogis; página 120 de Lanceau/Cogis.

Dibujos de Alberto Marengoni.

© Editorial De Vecchi, S. A. U. 2004
Balmes, 114. 08008 BARCELONA
Depósito Legal: B. 25.225-2004
ISBN: 84-315-2429-4

ÍNDICE

Introducción

—Esta mañana salí antes de casa porque los niños se iban de excursión con los de su clase y vi pasar a tu jefe en coche con su perro. ¿A dónde iba?

—Por las mañanas se levanta temprano y se va al campo a correr con su perro.

—Tú también podrías hacerlo, querido, sería una buena idea porque siempre dices que te gustaría hacer algo de ejercicio. Y además los domingos tendríamos la excusa perfecta para salir fuera con los niños.

—¿Tú sabes lo que supone tener un perro? ¿No has pensado en las obligaciones?

—Por supuesto, pero piensa en los beneficios para nuestra salud y en lo divertido que será.

Tener un perro supone un cambio que afectará a todos nuestros quehaceres, ya que lo que él necesita y quiere hacer es precisamente lo que nos hace falta a nosotros para sentirnos más felices. Le gusta jugar, correr y explorar, y muchos de nosotros ya hemos olvidado cómo se hace y

pasamos horas y horas sentados delante del televisor.

El perro nos llevará al aire libre, y nuestra vida mejorará gracias al vínculo con un animal que nos impondrá una relación de respeto y nos obligará a conocer la vida y el entorno desde un punto de vista más natural. Nos percataremos de que el fango y el agua existen, y reencontraremos el placer de pasear por el bosque o de leer un periódico a la sombra de un árbol.

La casa estará un poco más sucia, pero gozaremos de una libertad que nos permitirá asumir la responsabilidad que comporta tener un perro: deberemos dedicarle parte de nuestro tiempo, cuidarlo y hacer que se sienta bien en el seno de la nueva «manada», ya que a pesar de ser distinto de los humanos, él también necesita afecto y atención.

Los orígenes

Es bastante habitual que el origen de una raza esté envuelto en la leyenda, quizá porque la hace más atractiva. De este modo, durante muchos años el origen del golden ha estado vinculado al circo, a aquel espectáculo infantil capaz de hacernos soñar y evadirnos por unos momentos de la realidad.

Para indagar en los inicios de la raza debemos trasladarnos a Brighton y remontarnos al año 1858. Lord Tweedmouth (Sir Dudley Coutts Majoribanks) quedó fuertemente impresionado por un grupo de poderosos perros de pastor de manto amarillo dorado que tuvo la oportunidad de ver en un circo ecuestre procedente del Cáucaso. Al darse la circunstancia de que un incendio destruyó el circo, Lord Tweedmouth compró todos los ejemplares, atraído no sólo por el aspecto, sino también por la inteligencia que mostraron a la hora de realizar los ejercicios circenses. Su idea era incluirlos en su programa de selección de nuevos perros de caza, actividad que en aquel tiempo estaba experimentando notables cambios a causa de la evolución de las armas. Los fusiles de cartuchos habían sustituido a los de carga delantera, y la mayor rapidez en la carga repercutía en un mayor rendimiento por parte del cazador.

El trabajo llevado a cabo por Lord Tweedmouth está documentado por los registros de cría (1868-1889), gracias los cuales podemos remontarnos hasta la primera camada que, desde el punto de vista técnico, puede considerarse el origen de la raza conocida hoy en día con el nombre de *golden retriever*. Dicha camada fue el resultado del apareamiento de un macho retriever amarillo de pelo ondulado llamado *Nous*, y una hembra tweed water spaniel llamada *Bell*.

■ MÁS QUE UN SIMPLE PERRO DE COBRO

Reciben el nombre de retriever todos aquellos perros que ayudan a los cazadores en el cobro de las piezas abatidas por el cazador. Puede decirse que esta aptitud es innata.

Además de perro de caza, el golden retriever, es capaz de desempeñar satisfactoriamente trabajos de protección civil y de detección de droga; también ofrece garantías como guía para ciegos y es un amigo leal en los programas soporte terapéutico para personas con dificultades psicofísicas.

Este conjunto de cualidades, que le distinguen de los otros retriever, fueron apreciadas también en sus hipotéticos antepasados, en aquellos perros identificados con cierta imprecisión como pastores del Cáucaso de pelo rubio a los que nos hemos referido anteriormente. De los perros de rebaño ha heredado la adaptabilidad, la creatividad, la inventiva y el buen hacer.

DESCUBRIR Y CONOCER AL PERRO

EL CACHORRO

Qué preguntas debemos formularnos

¿Por qué un golden?

¿Es el golden el perro que mejor se adapta a nuestras necesidades? La respuesta a esta pregunta pasa por el examen del carácter de esta raza, y por la posterior valoración de nuestros conocimientos y disponibilidad.

El golden destaca por su docilidad y por la atención que presta a lo que se le pide. Debido a su fuerte temperamento, siempre se muestra atento a todo lo que sucede a su alrededor. Es valeroso y al mismo tiempo muy posesivo, cualidades que lo hacen comportarse con mucha determinación en el cumplimiento de las órdenes, a veces incluso con obstinación. La escasa agresividad y combatividad lo convierten en un perro en ab-

soluto peligroso y poco apto para la guarda. En cambio, establece buenas relaciones tanto con las personas como con los perros que encuentra en sus paseos diarios. Por esta razón puede considerarse un animal muy adecuado para la vida ciudadana, aunque no debemos olvidar que necesita hacer ejercicio y recibir un adiestramiento que le permita expresar plenamente las capacidades para las que ha sido seleccionado.

Cómo y dónde comprarlo

Una vez hayamos decidido comprar un golden, no nos quedará más que empezar a buscarlo. El mejor camino es obtener las direcciones de los criaderos especializados, que podemos encontrar en revistas especializadas, en centros veterinarios o consultando en el club de la raza.

No debe importarnos hacer unos kilómetros de más para ir a un criadero de calidad que nos inspire confianza. Puede ser una buena excusa para tomarnos unos días de vacaciones e incluso viajar por la península o por Europa. Habrá merecido la pena porque conseguiremos un cachorro criado por manos atentas y expertas, y nos relacionaremos con un criador que se convertirá en un punto de referencia que nos solucionará más de una duda, sobre todo en las primeras etapas de la vida del perro.

Puede darse el caso de que conozcamos a algún particular propietario de una hembra que haya tenido una camada. No olvidemos que esta persona no es profesional. Por lo tanto, no olvidemos pedirle toda la información que creamos necesaria sobre la genealogía del padre y de la madre.

En las tiendas de animales a veces también se venden cachorros. Comprobemos su procedencia e inspeccionamos el estado de salud del animal que nos interesa, porque los repetidos cambios de mano podrían haber hecho mella en el carácter y en la salud.

¿Un cachorro o un adulto?

Un grupo de cachorros se nos acerca con las orejas al viento: son diez hermanos, unos de color crema muy claro, otros más rojizos, todos ellos muy sociables y contentos de conocernos. Uno de ellos lleva un zapato viejo en la boca, otro un calcetín, como si quisieran dárnoslo: son cachorros retriever y desde pequeños recogen todo lo que encuentran. Pero, ¿estamos preparados para criar un cachorro?

Otra alternativa sería elegir un perro joven, de ocho o nueve meses, ya socializado, que haya aprendido los primeros rudimentos de educación y que ya sepa caminar con la correa. Será un poco más caro y nos perderemos parte del proceso de aprendizaje del cachorro, pero podremos ver sus características morfológicas y valorar con más aproximación sus cualidades; veremos con claridad si es un buen representante de la raza, tanto desde el punto de vista físico como psíquico, o si simplemente es un buen perro. Esta será la opción preferida por la persona que pretende participar en exposiciones caninas o en pruebas de trabajo.

Si son estos nuestros objetivos, no deberemos dejarnos engañar con promesas de futuro referidas a un cachorro de dos meses, del cual es imposible predecir si será un campeón o si no pasará de digno representante de la raza. Si nos conformamos con la segunda posibilidad y si creemos estar en condiciones de hacernos cargo de un pequeño de dos meses —en ningún caso hay que llevarse a casa un perro que no haya pasado los primeros 50-70 días junto a la madre y los hermanos—, leeremos las páginas que siguen y podremos emprender la aventura. Suerte.

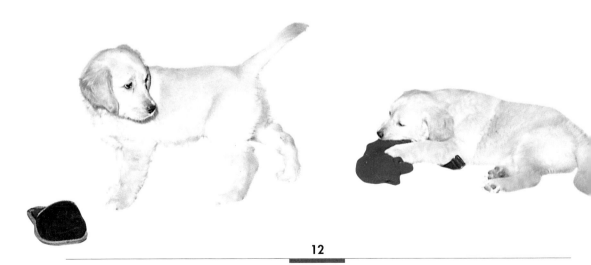

¿Sabremos ser unos buenos jefes para él?

Tan pronto como el cachorro entra en casa, ve en nosotros un nuevo hermano, un nuevo padre y una nueva madre. Sin embargo, es fundamental no desempeñar funciones que no nos correspondan: somos seres de otra especie, a quienes el cachorro pedirá afecto y sobre todo autoridad, ya que esperará a que nosotros tomemos la iniciativa y le indiquemos lo que debe hacer.

El perro necesita un nuevo jefe de manada, una persona de referencia que sepa sustituir dignamente al jefe de la antigua manada de la que desciende, y que en etología se denomina un *lobo alfa*.

En este capítulo procuraremos conocer mejor nuestro futuro golden, ya sea para elegir el ejemplar idóneo, o para entender mejor su psicología.

■ USAR LA VOZ SIN «LADRAR»

El perro tiene un oído muy sensible, capaz de percibir sonidos que el hombre ni tan siquiera puede imaginar que oye; si le hablamos demasiado alto, nuestra voz puede incluso molestarlo. Cuando queremos decirle algo o darle una orden, es suficiente con un silbido o un susurro para hacerle entender lo que esperamos de él: lo importante es el tono de la voz, no el volumen.

El perro ladra contra algo o alguien que le da miedo o para advertir a la manada de un peligro inminente, y nosotros no le hemos de dar la posibilidad de que tema nuestra voz.

Por esto, no lo molestemos con nuestro «ladrido»; el perro nos ama por instinto y esto es precisamente lo que le impulsa a cumplir lo que nosotros le pedimos. Al gritarle, el animal podría creer que hay algo en él que despierta temor en nosotros.

LA ELECCIÓN DEL CACHORRO

Por fin hemos localizado el criadero y queremos saber si la persona con quien hemos contactado es realmente competente. Esto podemos averiguarlo en la primera entrevista.

Un buen criador querrá comprobar que sepamos todo lo que comporta la tenencia de un perro en casa, especialmente si se trata de un perro de defensa. Su primera preocupación será asegurarse de que sabemos lo que nos traemos entre manos, porque será consciente de estar vendiendo un ser vivo que deberá integrarse en una familia en un ambiente tranquilo, en compañía de personas responsables y sabedoras del esfuerzo que deberán realizar para que la convivencia con el perro sea un éxito.

¿Macho o hembra?

La diferencia de aspecto entre un macho y una hembra se define con la expresión *dimorfismo sexual*, y afecta básicamente al tamaño del animal; sin embargo, no debemos quedarnos sólo con el aspecto exterior: lo importante en el momento de la elección es conocer las diferencias que hay en el comportamiento de cada sexo.

Nunca aceptemos llevarnos a casa un cachorro antes de los 50 días. Lo mejor es esperar al segundo mes de vida, ya que la protección de la ma-

Las hembras son más pequeñas y más reflexivas que los machos. Son muy buenas con los niños, con los cuales difícilmente entablan juegos violentos porque saben discernir los límites físicos de sus pequeños amigos

Los machos son más corpulentos, y normalmente más fuertes y juguetones. A pesar de comportarse con menos seriedad que las hembras, no creamos que son más fáciles de gobernar, ya que tienden a asumir el papel de guía del grupo, por lo que el propietario deberá tener una personalidad lo suficientemente fuerte como para imponerse a un perro que tiene a su favor una extraordinaria capacidad de aprender

dre y la seguridad infundida por el grupo de hermanos, con los que aprende las primeras reglas de comportamiento son fundamentales para afrontar el nuevo mundo que le espera.

Los primeros dos meses de vida le indicarán los términos en los que debe considerar su relación con los otros miembros del grupo y, sobre todo, con el ser humano, al que considerará un miembro más de la manada.

Antes de hacer efectiva la compra es fundamental pedir que nos muestren los pedigríes (documento de origen o árbol genealógico) del padre y de la madre. Allí figuran los nombres de los antepasados (hasta un máximo de cuatro generaciones) de nuestro futuro cachorro, los títulos y diplomas obtenidos, y la exención de displasia o el grado, en caso de aparecer esta patología hereditaria.

El libro de calificaciones certifica la participación de los padres en las exposiciones de belleza, y en él constan las clasificaciones y las calificaciones obtenidas.

En la cartilla sanitaria del cachorro se indican las desparasitaciones y vacunaciones efectuadas, y el programa de vacunas propuesto por el criador. El veterinario podrá respetarlo o plantear otro distinto si lo creyese conveniente.

Si el cachorro es de raza, el criador lo habrá inscrito en el Libro de Orígenes, cumplimentando dos impresos:

— el formulario A, «Notificación de monta y nacimiento de la camada», que se envía a la RSCFRCE durante los primeros 25 días a partir del nacimiento de los cachorro, debidamente firmado por el criador (o propietario de la hembra) y por el propietario del semental;

— el formulario B, «Descripción y solicitud de inscripción de los cachorros», que el criador debe enviar a la RSCFRCE dentro del periodo de tres meses a partir del nacimiento de los cachorros. En este formulario se indica el nombre, el sexo, el número de tatuaje y el nombre del nuevo propietario si el cachorro ha sido cedido antes de cumplir los tres meses.

■ EL TATUAJE

El tatuaje es obligatorio y representa el «número de matrícula» en caso de extravío. El número está formado por letras y cifras: las letras son las siglas del criador o, si el animal no proviene de un criadero reconocido por la Real Sociedad Central de Fomento de las Razas Caninas en España, de la provincia de nacimiento; las cifras indican el año de nacimiento y el número del cachorro.

Muy raramente un cachorro procedente de un buen criadero presenta problemas sanitarios. En cualquier caso, pueden apreciarse ciertos síntomas que nos harán rechazar el cachorro que los presente.

Pústulas o costras en la barriga: pueden ser indicio de la presencia de parásitos externos (pulgas o piojos) o de la aparición de posibles inflamaciones bacterianas de la piel, causadas por una higiene escasa

Ojos legañosos: es probable que el cachorro padezca una inflamación intestinal y, en ejemplares que todavía no han sido vacunados, puede ser indicio de una infección vírica

Mucosidad en la nariz: inflamación de las vías respiratorias altas y posible indicio de infección por moquillo

Extremidades: si las patas no son rectas o los huesos de los metacarpos o de los metatarsos presentan fuertes hinchazones, existe un grave retraso en la osificación y el cachorro necesita un complemento calcio-fosfórico

Vientre hinchado y terso: si el cachorro no ha acabado de comer, es posible que sufra verminosis

Testículos: si el cachorro es macho habrá que comprobar que tenga ambos testículos en el escroto. A los dos meses pueden ser todavía móviles, pero deben estar ambos dentro

■ CONVERSAR CON EL CRIADOR ES IMPORTANTE

Lo primero que hará un criador es indagar cómo es la persona que se le ha presentado con la intención de comprarle un cachorro y si sabe lo que significa convivir con un perro.

Esta actitud por parte del criador a menudo sorprende al comprador, acostumbrado a tratar con vendedores que se empeñan en destacar las cualidades de su mercancía, y con un claro interés en cerrar la venta. Un criador de perros, sobre todo de una raza que últimamente está experimentando un incremento de la demanda, no puede adoptar esta estrategia; en primer lugar porque no propone una mercancía, sino un ser vivo al que debe garantizar un ambiente que se ajuste a sus necesidades, casi como si fuera un juez tutelar que tuviera que asignar un niño adoptivo a una familia; en segundo lugar, porque sabe que su trabajo no se acaba cuando el cachorro se va al nuevo domicilio, sino que continua durante toda la vida del perro.

El test de Campbell

¿Nos interesa saber qué tipo de relación tendremos con el perro cuando crezca?

Considerando que una buena relación entre el perro y su dueño depende en gran medida de la posición que adopta el hombre respecto al animal, podemos responder parcialmente a la esta pregunta con un test de carácter, elaborado por el doctor W. E. Campbell, y que nos permite poner a prueba, a las siete semanas de vida, la tendencia al dominio o a la sumisión de los cachorros.

Debe ser realizado por una persona desconocida.

Antes de comenzar, deberemos prepararnos una tabla como la de la página siguiente, en donde marcaremos las respuestas de los distintos miembros de la camada.

Atracción social: Dejamos el cachorro en un ángulo del espacio destinado al test, nos agachamos a una cierta distancia y damos una palmada para llamar su atención.

Facilidad para el seguimiento: Nos alejamos del cachorro caminando con normalidad y sin llamarlo.

Respuesta a la obligación: Colocamos el cachorro boca arriba y lo mantenemos durante 30 segundos, aguantándolo suavemente por el pecho con una mano.

FICHA DE CALIFICACIONES

Prueba y comportamiento obtenido	A	B	C	D	E	F
Atracción social						
Viene rápidamente - cola alta - nos salta encima - muerde las manos	(md)	md	md	md	md	md
Viene rápidamente - cola alta - nos rasca las manos con las patas	d	d	d	d	d	d
Viene rápidamente - cola baja	s	s	s	s	s	s
Viene indeciso - cola baja	ms	ms	ms	ms	ms	ms
No viene de ninguna manera	i	i	i	i	i	i
Facilidad para el seguimiento						
Sigue inmediatamente - cola alta - se pone entre los pies - muerde los pies	(md)	md	md	md	md	md
Sigue inmediatamente - cola alta - se pone entre los pies	d	d	d	d	d	d
Sigue inmediatamente - cola baja	s	s	s	s	s	s
Sigue indeciso - cola baja	ms	ms	ms	ms	ms	ms
No sigue o se va en otra dirección	i	i	i	i	i	i
Respuesta a la obligación						
Se revuelve violentamente - forcejea - muerde	(md)	md	md	md	md	md
Se revuelve - forcejea	d	d	d	d	d	d
Se revuelve - se calma	s	s	s	s	s	s
No se revuelve - lame las manos	ms	ms	ms	ms	ms	ms
Dominio social						
Salta encima - rasca con las patas - gruñe - muerde	md	md	md	md	md	md
Salta encima - rasca con las patas	d	d	d	d	d	d
Se gira - lame las manos	(s)	s	s	s	s	s
Se tumba boca arriba - lame las manos	ms	ms	ms	ms	ms	ms
Se va y permanece alejado	i	i	i	i	i	i
Consentimiento a ser levantado						
Se revuelve violentamente - gruñe - muerde	md	md	md	md	md	md
Se revuelve violentamente	(d)	d	d	d	d	d
Se revuelve - se calma - lame las manos	s	s	s	s	s	s
No se revuelve - lame las manos	ms	ms	ms	ms	ms	ms

Identificaremos cada cachorro con una letra (A, B, C, etc.). En la columna correspondiente a cada letra marcaremos la valoración obtenida en cada prueba (**md** = muy dominante; **d** = dominante; **s** = sumiso; **ms** = muy sumiso; **i** = inhibido).

TOTALES	
md	3
d	1
s	1
ms	
i	

RESULTADOS

Dos o más respuestas *md*, con algunas *d*: cachorro muy dominante, no apto para niños y ancianos, y probablemente agresivo: relación conflictiva con los otros perros, a los que deberá conocer desde muy pequeño para aprender las reglas de convivencia canina. Necesitará una mano firme y experta para el adiestramiento.

Tres o más respuestas *d*: cachorro dominante que se adaptará muy bien en ambiente de adultos. Fuerte deseo de aventajar a los demás.

Tres o más respuestas *s*: cachorro sumiso, muy apto para los niños. Será un buen perro de defensa porque es buen protector y poco agresivo.

Predominio de *ms* con respecto a *s*: cachorro muy sumiso que necesitará un trato particularmente afable; los niños no deberán tratarlo con excesiva brusquedad o violencia.

Ms y s asociados con *i*, sobre todo en la prueba de dominio social: atención, perro que podría ser agresivo por miedo. Deberá ser sometido a una fuerte socialización con seres humanos adultos y niños; debe aprender a aceptarlos para evitar que, en caso de verse amenazado, muerda por miedo. Es muy difícil, y por lo tanto desaconsejable, darle un adiestramiento propiamente dicho. Los primeros ejercicios de obediencia requerirán mucha paciencia y suavidad en el trato.

Dominio social: acariciamos al cachorro, con un único movimiento desde la cabeza hasta la inserción de la cola, pasando por el cuello y el lomo.

Consentimiento a ser levantado: después de haber sujetado al cachorro con las dos manos por debajo de la barriga, lo levantamos a unos 30 cm del suelo por espacio de treinta segundos.

La psicología del cachorro

Criar una camada no significa simplemente aparear un macho con una hembra, esperar a que los cachorros cumplan los 25 días de vida para empezar el destete, recoger los excrementos y vacunarlos cuando toca. Los primeros cuatro meses de vida son un periodo de tiempo muy corto en el que se concentran momentos muy importantes del desarrollo psicofísico del pequeño. Estos momentos deben ser controlados con atención y profesionalidad, si se quiere ofrecer a la persona que se llevará a casa uno de estos cachorros un animal que, al estar sano desde el punto de vista fisiológico, también sea equilibrado psicológicamente.

Los dos primeros meses son competencia del criador, mientras que el respon-sable de los restantes es el nuevo propietario. Veamos a grandes líneas esta rápida evolución y cómo hay que proceder.

Periodo neonatal (hasta los 12 días): contrariamente a lo que se cree, el periodo neonatal es esencial para el desarrollo del cachorro. Primeramente porque ya al momento de nacer podemos cuantificar, por medio del biotono, el grado de vitalidad del recién nacido; en segundo lugar porque, mediante distintas modalidades de manipulación y estimulación (por ejemplo, el corte de las uñas) podemos originar en ellos respuestas fisiológicas positivas.

Periodo de transición (13-21 días): el cachorro abre los ojos, empieza a oír y a mover la cola. Es conveniente tocar a los cachorros y, si la madre quiere, hacer que conozca otros perros adultos, y en especial al padre.

Periodo de la toma de consciencia individual (22-28 días): todos los sentidos están ya en funcionamiento; el hábitat de los cachorros debe mantenerse inalterado, y en ningún caso tienen que ser separados de la madre.

Se les darán los primeros juegos (pelotas, cajas y cilindros para entrar y salir) y en muchos casos se les puede enseñar a defecar sobre un papel de periódico, que se dispondrá siempre limpio en el mismo lugar. Empieza la fase del *imprinting*, durante la cual es muy importante la socialización con el hombre con vistas a una futura convivencia.

Periodo de la socialización canina (29-55 días): los cachorros aprenden a reconocerse como perros y se ponen en marcha los primeros comportamientos específicos de caza y juego. Aprenden de la madre, que riñe a los más dominantes y da los primeros rudimentos de disciplina canina. También son receptivos a la educación impartida por el hombre: se les puede poner el collar y la correa por primera vez y acostumbrarlos a que se les cepille. Los cachorros separados de la camada antes de los 55 días a menudo son agresivos, pesados y en algunos casos incapaces de reconocer a los otros perros como congéneres.

■ EL BIOTONO

El biotono es una forma de valorar la vitalidad de los cachorros, estudiada por el etólogo alemán Eberhard Trumler. Consiste en un test que se efectúa al nacer, ya que los primeros minutos de vida son significativos de la manera en que el perro afrontará su futuro. El biotono se evalúa con una simple puntuación:

1 punto: el cachorro, en cuanto se ve liberado de la membrana amniótica, empieza a buscar el pezón o incluso empieza a moverse cuando todavía está envuelto en ella.

2 puntos: el cachorro yace unos momentos antes de entrar en actividad.

3 puntos: el cachorro se esfuerza en llegar al cuerpo de la madre, pero no logra encontrar el pezón y, para empezar a mamar, tiene que acercársele, o bien chupa un poco y luego desiste.

4 puntos: todavía más lento que el anterior, a veces no puede sobrevivir.

Periodo del miedo (8-11 semanas): puede parecer una contradicción, pero es el mejor momento para introducir un cachorro en un nuevo ambiente. Precisamente gracias a esta receptividad psicológica es el periodo en que el cachorro se relaciona mejor con el mundo exterior y con el hombre (periodo de socialización con el hombre hasta la 12.ª semana). Lo único que hay que hacer es tener conciencia de que se trata de un momento difícil en el que habrá que evitar traumas, como por ejemplo espolones, cola y orejas. Los cachorros que se quedan en el criadero deberán ser alejados de la madre a espacios de tiempo cada vez más largos, para que vayan adquiriendo seguridad en ellos mismos. Deberán inhibirse duramente los cachorros que se excedan mordiendo, tanto a los hermanos como las manos del hombre.

■ **EL IMPRINTING**

Hasta el momento hemos indicado que nuestro cachorro no debe perder la confianza en los seres humanos, en quienes, dada su posición subordinada, busca compañeros de manada y sobre todo un punto de referencia seguro. Para él todo es bastante fácil porque, pese a ver que somos diferentes que él y sus congéneres, no nos considera diferentes. El perro nos ha catalogado como similares, casi como si perteneciéramos a la misma especie y con una psicología parecida a la suya. Para que pueda establecerse una comunicación, para que podamos saber cuáles son sus estados de ánimo y sus necesidades, tenemos que aprender su código; es decir, tenemos que asimilar sus modelos de comportamiento para poder percibir sus reacciones y actuar de manera que el animal entienda lo que le pedimos.

Periodo de afirmación de la dominancia (12-16 semanas): en este periodo se deben evitar taxativamente los juegos violentos, ya sea con los hermanos o con el hombre. No deberá permitirse que el cachorro con tendencia dominante, especialmente en estas semanas cruciales, se comporte con excesiva agresividad. Cuando salgan a pasear no habrá que dejarles morder la correa, puesto que deberá considerarla como la prolongación de la mano del dueño. Al concluir esta fase se puede decir que la personalidad y el carácter del cachorro están formados.

EL CACHORRO LLEGA A CASA

Por fin, después de largos días de espera, ha llegado el día. Seguros de haber sopesado todas las ventajas y los inconvenientes, y de haber elegido el cachorro adecuado, emprendemos el viaje hacia el lugar en donde nació nuestro cachorro. El criador nos estará esperando, sonriente al constatar nuestra emoción. No deberemos avergonzarnos, es la misma sensación que vivió él la primera vez y que seguramente tiene cuando nacen todas las camadas. Tendrá todos los documentos a punto, y habrá preparado un poco de la comida habitual del cachorro, lo cual nos permitirá evitar los cambios bruscos de alimentación durante los primeros días. Con toda seguridad no le habrá dado de comer a lo largo de las últimas cinco o seis horas para que no se maree durante el viaje, en especial si el recorrido es largo.

Si el viaje es largo, cuando veamos que el cachorro se ha tranquilizado es conveniente introducirlo en la jaula de viaje en cuyo interior habremos dispuesto papel de periódico cortado a tiras para absorber la orina. Si el viaje dura horas, haremos una parada en un lugar alejado del tráfico y haremos bajar al cachorro para que desentumezca las patas. Probablemente no defecará, atemorizado por las novedades; esto no deberá preocuparnos: le haremos beber un poco de agua fresca y cuando volvamos a introducirlo en la jaula le daremos una galleta para roer especial para perros. Si se le ve agitado, lo acariciaremos con la mano, pero evitaremos cogerlo en brazos para que no crea que somos víctimas de cualquier emoción suya. Debemos darle la impresión de que comprendemos sus dificultades y a la vez de que no seremos nunca sus esclavos.

Una vez llegados a casa, le presentaremos uno a uno todos los componentes de su nueva familia, sin excedernos en las efusiones ni emitir exclamaciones, y sobre todo sin mostrar ningún interés si hace sus necesidades dentro de casa: sería la primera vez, y nos li-

mitaremos a limpiar con total indiferencia. Cuando haya conocido a toda la familia, le ofreceremos un plato de comida y un poco de agua; aunque probablemente no les prestará ninguna atención, se dará cuenta de que en aquel lugar hay alguien que se ocupa de satisfacer sus necesidades primarias.

No acojamos al cachorro con exclamaciones de alegría ni con demasiado bullicio. La sala en donde se producirá el primer encuentro deberá estar exenta de cualquier peligro. Es importante que el animal se sienta a gusto y esté tranquilo, pero no deberá creer que es el centro de atención: no es el rey de la casa, sino un miembro más.

No deberá preocuparnos que el cachorro haga sus necesidades fisiológicas en casa, porque a él también le gusta vivir en un lugar limpio y carente de olores desagradables. Cuando haga su primera micción, impregnaremos un papel de periódico que colocaremos sobre otro limpio en un lugar apartado. Cuando veamos que se dispone de nuevo a orinar, lo llevaremos al lugar en donde pusimos el papel de periódico al tiempo que le felicitamos. En poco tiempo veremos que él solito irá a buscar el periódico cuando tenga que hacer sus necesidades.

El felpudo de la puerta será durante un cierto tiempo uno de sus lugares preferidos para hacer sus necesidades, sobre todo después de un largo paseo. Es normal que un cachorro no orine los primeros días cuando se encuentra en un nuevo hábitat para no dejar indicios de su paso a un hipotético predador. Lo mejor para él es hacerlo cerca de la madriguera, en donde podrá ser defendido por la madre y en donde además, debido a la presencia de los adultos, es difícil que un predador se aproxime. Entonces, ¿qué mejor que hacerlo en el felpudo? Está fuera y absorbe los líquidos, por lo que no habrá ningún peligro ni tampoco ningún olor en la casa, que es el lugar para dormir.

No lo levantemos nunca sujetándolo por las patas delanteras, porque podríamos dañarle los ligamentos del hombro o del codo, sino que pasaremos las manos por ambos lados del tórax, o bien una mano entre las patas traseras y la otra por debajo del tórax.

Ha llegado el momento de explorar la casa y el jardín, si lo hay. No debemos alterarnos si se le escapa algún pipí: es la forma de ir dejando su olor y de tomar posesión de los nuevos lugares. No hay que pretender que aprenda rápidamente todo lo que no le está permitido hacer. Si por ejemplo no queremos que entre nunca en una determinada habitación, no se lo prohibamos con la voz, limitémonos a cerrar la puerta o a poner un obstáculo que impida su paso. Más adelante lo aprenderá mejor.

La jaula de viaje dentro de la cual ha llegado a casa es un objeto que ya conoce; procuremos que la pueda encontrar en un algún rincón apartado, pero de fácil acceso. Lo incitaremos a entrar con la ayuda de una galleta para perros. Una vez dentro, lo deja-

remos tranquilo para que entienda que aquella puede ser su madriguera, un lugar resguardado en donde puede instalarse cuando quiere estar solo.

El estrés que ha vivido el cachorro a lo largo del primer día lejos de la madre, de los hermanos y del lugar en donde nació ha sido muy intenso, y ahora se encuentra con personas nuevas y en un territorio desconocido. Es probable que quiera descansar un rato en su nueva madriguera, pero no habrá que dejarlo solo porque podría ser presa de la melancolía. No le demos nuevos estímulos, pero permanezcamos a su lado para acariciarlo. Si no quiere estar en la jaula, durante media hora no le prestaremos atención y nos limitaremos a vigilarlo.

El bocado que le ofrecimos al llegar a casa era sólo una forma de hacer que se sintiera en casa, y ahora ya tendrá hambre de verdad. Le prepararemos la comida que nos ha proporcionado el criador en la cantidad que nos haya aconsejado. Puede ocurrir que por culpa de la nueva situación rechace la comida. No habrá que preocuparse, al

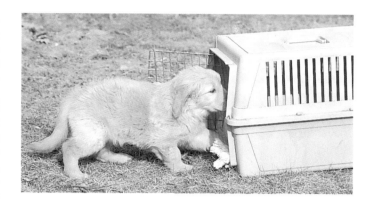

cabo de unos minutos le retiraremos la comida y no nos ocuparemos más de su alimentación hasta el día siguiente: entonces tendrá hambre y superará así la tristeza de la separación.

La primera noche suele ser difícil. El cachorro echará en falta el calor de la madre y de los hermanos, que a lo largo de dos meses habían sido una cómoda y cálida almohada. Con toda seguridad querrá

sustituirlos con nuestra presencia e intentará a toda costa subirse a nuestra cama. Si en un futuro queremos prohibírselo, tampoco deberemos permitírselo ahora. Bastará con poner su cama o una manta junto a nuestra cama, acariciándole cada vez que pretenda levantarse, y no tardará en dormirse. Evitemos encerrar al cachorro, ya que ladrará hasta que le abramos la puerta. Si no logra dormirse, nosotros también pasaremos la noche en vela y jugaremos con él procurando hacernos cargo de su difícil situación psicológica. Es muy probable que la noche siguiente la pase durmiendo a pierna suelta junto a nuestra cama.

■ LA JAULA

Mucha gente cree que enseñar a un perro a estar dentro de la jaula en casa es una tortura inútil. Y se equivocan, porque se imaginan que la jaula se utiliza para encerrar al animal durante horas para que no nos moleste; naturalmente esto no sería educación, sino tortura, pero no es el caso que nos ocupa. La jaula tiene que representar para el perro un lugar agradable y tranquilo, una especie de madriguera apartada en la que pueda pasar unas horas lejos de la gente pesada que siempre quieren algo de él: adiestramiento, juego, paseos, mimos... Por otro lado, si se acostumbra a la jaula, el perro se siente más tranquilo cuando tiene que viajar en automóvil, un poco como si llevara parte de su casa a cuestas.

También es una forma de garantizar un ambiente tranquilo en casos puntuales; por ejemplo cuando recibimos la visita de un amigo a quien horrorizan los perros, lo mejor es encerrar en la jaula al golden, que ya estará acostumbrado a ella, con un buen hueso para roer. El animal permanecerá dentro tranquilo y contento, y nuestro amigo se ahorrará pasar un mal trance.

La jaula es particularmente útil cuando se va a un hotel con el perro; si está acostumbrado, se le podrá dejar en la habitación sin miedo a que organice un desastre a las primeras de cambio. Las jaulas más comunes son de dos tipos:

Jaula de viaje: es la que se usa para viajes en avión. Está cerrada por tres lados, con dos tomas de aire laterales. La puerta, situada en uno de los lados cortos, es de rejilla y permite una buena aireación y visibilidad. A los perros les gusta porque se sienten protegidos y simula muy bien la función de la madriguera.

Jaula de rejas plegable: se usa sobre todo para viajar en automóvil y para instalar a los perros en las exposiciones caninas. En verano es ideal, y resulta muy cómoda porque es plegable, y si no se utiliza a diario ocupa muy poco espacio. El «efecto madriguera» se puede obtener tapándola con una tela, cosa que sólo es posible si el perro no adquiere el hábito de morderla y estirarla hacia el interior.

Para determinar las medidas ideales, el perro ha de poder ponerse en pie con la cabeza alta dentro de la jaula; para viajes en automóvil o en avión la jaula no debe ser excesivamente grande porque el perro se golpearía contra los lados con el traqueteo y las curvas.

El cachorro que llega a la familia ingresa en una nueva manada, cuyo orden jerárquico debe comprender y en donde tiene que hacerse un lugar. Procede de una situación que está regida por unas normas muy exactas en la relación entre adultos y entre cachorros y adultos, mientras que todavía están por determinar los papeles de los cachorros: mediante el juego, se reconoce el cachorro con la personalidad más fuerte, el más extrovertido, el más tímido y el más reflexivo; ahora debemos ser nosotros quienes le ayudemos a adaptarse y a ocupar el lugar adecuado.

Tan pronto como haya reconocido al macho o a la hembra de referencia en su nuevo grupo, lo respetará in-

mediatamente y procurará saber quién se ocupará de él y le indicará sus obligaciones. Con sus iguales iniciará un sutil tira y afloja hecho de mimos y enfados. Con ellos jugará, les mordisqueará los zapatos y las manos para ver quién es más fuerte y saber si podrá permitirse el lujo de considerarse *primus inter pares* a partir del momento en que se le confíen importantes funciones de custodia.

Un golden no es sólo un animal de compañía, y hay otras muchas razas que desempeñan este papel mejor. Deberá sentirse querido, comprendido y respetado. Siempre que dispongamos de tiempo libre, saldremos con el perro a dar largos paseos a lo largo de los cuales podremos

observarlo y entender el porqué de muchas de sus acciones, que a primera vista pueden parecer absurdas o equivocadas, pero que sin embargo responden a una clarísima lógica canina.

Excavar constituye un ejercicio tan agradable para el perro como odiado por el hombre cuando el hoyo lo advierte en el jardín de casa. Los perros —y sus antepasados— han excavado siempre: para hacer una madriguera, protegerse de la nieve, enterrar parte de una presa no totalmente consumida, etc. Es un comportamiento ancestral todavía útil, pero a veces incomprensible para el hombre. Excava en la alfombra de casa o en la cama la hembra que está a punto de parir, movida por la necesidad de preparar una madriguera confortable, para ella y para sus cachorros; si el instinto no le obligara a hacerlo, no se desencadenaría el mecanismo del parto. Con un *ino!* pronunciado con autoridad enseñaremos progresivamente al cachorro a no hacerlo en nuestro jardín, pero no se lo neguemos completamente, porque pondríamos en peligro su identidad de perro.

Revolcarse procura al perro una sensación muy placente-

ra. Lo hace cuando está contento y no se siente amenazado, y a veces después del baño, especialmente si tiene a mano arena o tierra seca. A veces se da un revolcón sobre materiales orgánicos en descomposición: este es un comportamiento típico del animal salvaje que no quiere dejarse reconocer por una posible presa a través del olor corporal. Se trata de otra conducta ancestral y no es demasiado difícil enseñarle a no hacerlo, aunque se requiere una cierta cautela.

El perro es ladrón por naturaleza, o mejor dicho, considera suyo todo lo que encuentra en su territorio. El asado listo para ser servido, la caja de los caramelos o los objetos de la casa —especialmente aquellos a los que el dueño tiene más apego— son fuente de deseo para el perro, que busca así la forma de reafirmar su dominio. Conviene enseñarle pronto a no hacerlo, pero para ello deberemos esperar a pillarlo con las manos en la masa.

Lo detendremos con la negativa de rigor, y le haremos jugar permitiéndole que recupere el dominio sobre lo que sí le pertenece. Esta es otra razón por la cual es aconsejable dar al perro, desde cachorro, algunos juguetes que se convertirán en objeto de su dominio.

El cachorro que roe un objeto que encuentra o una prenda de vestir siempre tiene algún problema. Puede ser la dentición, aunque a menudo es un síntoma de tensión que se exterioriza casi siempre cuando no se siente querido, sino simplemente tolerado. Es un modo de desahogar la tristeza, y que repite cuando se le riñe. La solución consiste en cambiar el trato que se dispensa al cachorro mostrándole nuestro desagrado cuando lo sorprendemos *in fraganti*, y jugando más con él para que se sienta nuevamente aceptado.

También pueda ocurrir que sea un perro particularmente mimado: en este caso se trata también de una forma de dar desahogo a su neurosis, es de-

cir a un papel equivocado dentro de la jerarquía del grupo en el que vive.

Tal como hemos repetido en varias ocasiones, no se debe dar total libertad a un cachorro; el animal no sabría dónde están los límites que se le imponen y no tardaría en creerse el dueño de la casa, que no es en absoluto el lugar que le corresponde. Además de impedirle «robar» habrá que ponerle otros tipos de límites: una sala en la que no debe entrar, el sillón del «jefe» en el que no debe subirse. No deberá ni podrá necesariamente entender el porqué: simplemente se dará cuenta de que no todo le está permitido y encontrará el lugar que le corresponde en la jerarquía.

■ EL DUEÑO IDEAL: CÓMO TENER AUTORIDAD SIN SER AUTORITARIO

La característica principal de la figura dominante que el cachorro quiere y debe encontrar en el seno del grupo es la experiencia. El golden no aceptará nunca a un déspota que descargue sus propias frustraciones gritándole órdenes sin sentido. Y, al contrario, una persona aprensiva que crea que un perro es un santurrón tendrá como compañero un golden que, no pudiendo convertirse, por motivos obvios, en el jefe de la manada, le exigirá constantemente su consentimiento y pretenderá de ella comportamientos al límite del ridículo.

No se necesita nada del otro mundo para convertir un cachorro en un golden equilibrado y feliz.

Simplemente hay que tener muy claros los comportamientos que esperamos de él y dárselo a entender con coherencia y firmeza, ya a partir del momento en que entra en su nueva casa. Las malas costumbres de los primeros días se perpetúan inevitablemente.

En primer lugar, un buen jefe nunca alza la voz y, en los momentos cruciales (para mostrar su disgusto o para enseñar una orden) usará un tono perentorio y seco, que no admite objeciones. Gritar es generalmente un signo de incoherencia, del mismo modo que el ladrido de un perro es signo de miedo (o de advertencia), nunca de fuerza. Cuando un perro quiere adoptar una actitud de amenaza gruñe, pero no ladra; de igual modo, un buen jefe sólo usa un tono de voz fuerte cuando quiere mostrar una gran contrariedad o cuando advierte de un peligro.

Un perro feliz es un perro que no se mete en situaciones difíciles y no crea momentos de tensión, y para que se cumpla esta condición necesita alguien que le guíe con autoridad. Esta es la función de la «persona de referencia» (que debe ser siempre el dueño): si esta le inspira estimación y confianza, le gustará ser guiado y aprenderá a respetarla. Esta es la condición principal para su felicidad, y sólo así puede compensar a las personas que ama con su devoción y cariño.

El golden ideal

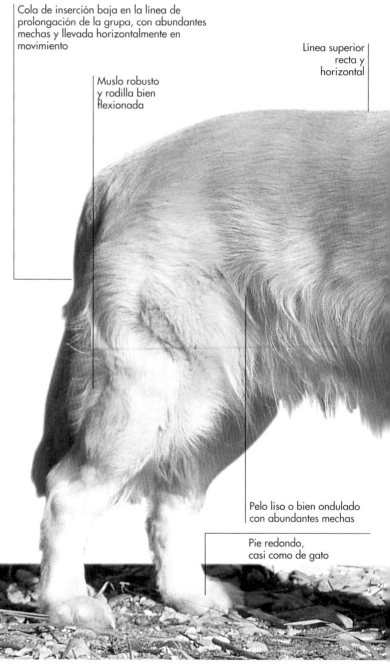

Cola de inserción baja en la línea de prolongación de la grupa, con abundantes mechas y llevada horizontalmente en movimiento

Línea superior recta y horizontal

Muslo robusto y rodilla bien flexionada

Pelo liso o bien ondulado con abundantes mechas

Pie redondo, casi como de gato

▪ QUÉ ES EL ESTÁNDAR

El estándar es la descripción detallada del aspecto morfológico de los perros de una determinada raza.

El aspecto general, la conformación de la cabeza, la complexión, el tipo de manto, el movimiento, el carácter y las aptitudes se describen para un modelo ideal de perro, que representa el punto de referencia para los criadores y permite saber las características generales que constituyen la tipicidad de una raza determinada.

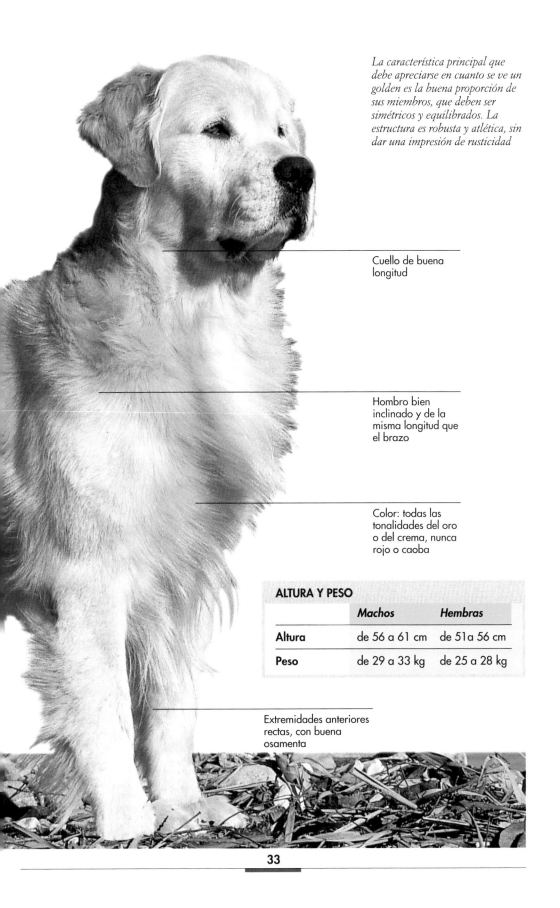

La característica principal que debe apreciarse en cuanto se ve un golden es la buena proporción de sus miembros, que deben ser simétricos y equilibrados. La estructura es robusta y atlética, sin dar una impresión de rusticidad

Cuello de buena longitud

Hombro bien inclinado y de la misma longitud que el brazo

Color: todas las tonalidades del oro o del crema, nunca rojo o caoba

ALTURA Y PESO		
	Machos	**Hembras**
Altura	de 56 a 61 cm	de 51a 56 cm
Peso	de 29 a 33 kg	de 25 a 28 kg

Extremidades anteriores rectas, con buena osamenta

Ojos de color marrón oscuro, bien separados entre sí

Stop bien definido y hocico fuerte

Cráneo ancho

Orejas de tamaño mediano insertadas casi a la altura de los ojos

La dentadura debe ser completa, fuerte y con los incisivos superiores cerrados en tijera sobre los inferiores. El cierre en tenaza es un defecto penalizable, en tanto que son descalificantes el prognatismo y el bragnatismo. En el primero, el arco dental inferior sobrepasa al superior; en el segundo, el maxilar inferior es mucho más corto que el superior

Trufa negra

Cierre dental en tijera

Mandíbulas fuertes

El elemento característico de la cabeza de un golden es el equilibrio entre sus diversas partes, y entre la cabeza y el cuerpo. La expresión ha de ser amistosa y las características de sexo perfectamente identificables

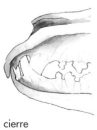

cierre en tijera

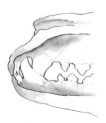

cierre en tenaza

cierre prognático

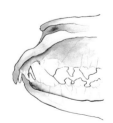

cierre bragnático

El golden es un trotador, y tiene un andar suelto, armonioso y vigoroso. La angulación correcta del hombro (aproximadamente 45°) y de las articulaciones del tren posterior hacen que el paso sea largo, firme y a ras de suelo

Las extremidades anteriores son rectas, paralelas entre sí, con buena osamenta, y con los codos pegados al tórax

Las extremidades posteriores son paralelas entre sí, y en movimiento, si las angulaciones son correctas, generan un impulso potente

Su expresión es amistosa, y la mirada, simpática y curiosa, inspira confianza. Nunca se comporta con agresividad, ni con otros perros ni con personas, excepto durante la pubertad, periodo en que los machos se miden con otros ejemplares de la misma edad

EL GOLDEN EN FAMILIA

El golden retriever es un perro muy adecuado para la familia. Pero cuidado: no podrá ser nunca el perro de alguien que sólo pueda dedicarle unos minutos al día, o que crea que puede dejarle solo en casa o en el jardín durante horas. Necesita sentirse parte del grupo y todos los componentes de la familia deben educarlo desde pequeño, aprovechando el periodo del *imprinting*, para que se sienta un miembro más de la familia.

El ambiente ideal para un perro es el mismo en donde viven «sus» personas, sin las cuales se sentiría muy infeliz y triste.

El jardín no es una condición indispensable, es más: podría convertirse en una cárcel de oro si se le dejara siempre solo y sin nadie que se preocupara por educarlo o pasar un rato con él.

En el jardín, el golden bien educado también debe saber lo que no está permitido hacer, como por ejemplo excavar un número indefinido de hoyos, romper las flores, etc. No podemos obligarlo a que pasee por la hierba de puntillas, pero el hecho de no abandonarlo y de enseñarle lo que puede y lo que no puede hacer le dará más se-

guridad porque se sentirá controlado y más integrado en la familia.

Encerrar al perro un rato en un canil de reja metálica, por ejemplo cuando nos visita un amigo a quien dan miedo lo perros, no supone trauma alguno. Si, además, dentro tiene la caseta y la puerta está siempre abierta, puede convertirse en un lugar para aislarse cuando quiere estar tranquilo.

Este mismo canil será de gran utilidad en aquellas situaciones en que sea necesario aislar a la hembra en celo.

Los cuidados diarios son una buena forma de que vea

que nos ocupamos y nos interesamos por él.

Cada día lo cepillaremos con mucho cuidado, le miraremos los ojos, las orejas, los dientes y los dedos para asegurarnos de que se mantiene en perfecto estado.

El golden y los niños

La relación que se establece entre un niño y un cachorro sigue unas fases que transcurren con rapidez. Cuando el cachorro llega a casa ve al niño como su superior jerárquico, pero como el perro se hace adulto antes (aproximadamente al año de edad), en poco tiempo la relación pasará a ser entre iguales, y acabará invirtiéndose al cabo de pocos meses. Entonces el golden ya no aceptará del niño juegos y enfados antes inocentes, que ahora interpretará como tentativas de dominarlo.

Si queremos que entre los niños y el golden se establezca una relación de perfecta camaradería, deberemos elegir un ejemplar sumiso, más fácil de educar, porque tendrá más aguante. En cualquier caso, se aconseja no dejar nunca solos un perro y un niño hasta que no se esté seguro de que ninguno de los dos tiene intención de hacer enfadar al otro. Hay que procurar siempre que el niño no moleste al perro explicándole que no debe tirarle de las orejas, ni tocarle los ojos o la trufa, ni agarrarlo por la cola.

El niño no debe mirar al perro fijamente en los ojos, ni soplarle en la nariz, molestarlo mientras come, o acercársele en silencio por la espalda o con un bastón en la mano. Aparte de

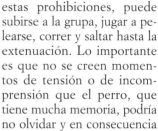

estas prohibiciones, puede subirse a la grupa, jugar a pelearse, correr y saltar hasta la extenuación. Lo importante es que no se creen momentos de tensión o de incomprensión que el perro, que tiene mucha memoria, podría no olvidar y en consecuencia podría no apreciar la compañía de quien no se comportó bien con él.

EQUIVALENCIA ENTRE LA EDAD DEL HOMBRE Y LA EDAD DEL PERRO	
Perro	**Hombre**
6 meses	10 años
12 meses	15 años
18 meses	20 años
2 años	24 años
3 años	28 años
4 años	32 años
5 años	38 años
6 años	43 años
7 años	49 años
8 años	54 años
9 años	60 años
10 años	65 años
15 años	87 años

EL LENGUAJE

El perro «habla» y posee tantas posibilidades de expresión que no tiene problemas de comunicación. Lo único que debemos hacer es saber interpretarlo. Usa la voz para ladrar, aullar, gruñir, gemir, etc. Recurre a la mímica facial para expresar alegría, miedo o agresividad. Emplea la cola para comunicarnos que está aterrorizado o contento, o bien que es dominante. Asimismo, suele manifestar su estado anímico mediante cambios en el pelo y en la posición del cuerpo.

El perro también sabe «leer», a pesar de no tener una vista muy aguda (exceptuando los lebreles). Con el olfato y el oído capta matices increíbles en el humor de sus congéneres y de los hombres, y analiza situaciones que no podemos ni imaginar. Oye desde lejos cómo se aproxima el coche de su dueño y percibe que en la casa del otro extremo de la calle hay una hembra en celo. Todas estas cualidades representan para nosotros una gran ayuda, y por esto lo hemos convertido en amigo privilegiado en el mundo animal. Por nuestra parte, debemos apren-

der a reconocer sus estados de ánimo y sus necesidades a partir de sus expresiones.

Cambiando de expresión, el perro puede comunicar sus cambios de intenciones y sus emociones. Mediante la combinación de orejas, ojos, labios y piel, consigue expresar sus diversos estados anímicos.

Todas las expresiones vocales del perro tienen un signifi-

cado particular. El ladrido es típico del perro doméstico. El aullido es más raro y sirve par avisar: un cachorro que se queda solo en la casa puede aullar delante de la puerta para que su dueño se entere de que no puede entrar y de paso indicarle dónde se encuentra. Algunas veces, el perro estornuda para expresar su desagrado ante una situación determinada. Los cachorros gañen para indicar su sumisión antes de tumbarse con el vientre al aire, o bien gañen fuertemente escondiendo la cola entre las patas hasta que los atiendan.

La cola del golden expresa toda su jovialidad, gracias a las fantásticas mechas (si están bien cuidadas) y al movimiento que le imprime continuamente.

Al ser un perro en absoluto conflictivo, raramente la utiliza como un instrumento de amenaza, aunque cuando la lleva erguida e inmóvil, como el mástil de una bandera, lo mejor que podemos hacer es dejarle estar, puesto que está afirmando su vigor, en una actitud que es típica del macho cuando está en compañía de su hembra.

La educación del cachorro de los dos a los cuatro meses

Cuando un cachorro de dos meses entra en nuestra vida desconoce por completo lo que representa vivir en compañía de seres humanos. Conoce al hombre porque le ha alimentado al dejar de mamar la leche materna y porque le ha propuesto algunos estímulos en sus primeros juegos con los niños. Ha aprendido a confiar en él por imitación del comportamiento de la madre, pero nada más.

Gracias al trato paternal que ha recibido por parte del criador, no considera que los hombres sean seres muy diferentes que él, sino que más bien los considera como perros grandes con quienes puede jugar y medirse para desarrollar su carácter y encontrar su lugar en el grupo. Una vez tenga confianza en nuestra persona, deberemos ponerle algunas normas, que no harán más que reforzar su estima.

La llamada

Lo primero que debe aprender un perro bien educado es acudir cuando se le llama, dejando de lado cualquier otra cosa de su interés. Si hemos sido capaces de convertirnos en su interés principal, el perro se sentirá feliz obedeciendo. Las primeras veces no le llamaremos inmediatamente después de haberle soltado, o sin motivo mientras esté haciendo algo. Empezaremos diciéndole *ven aquí* mientras está viniendo hacia nosotros. Cuando haya venido, le mostraremos nuestra alegría y jugaremos un poco con él.

La correa

Es su primera obligación, pero también una forma de sentirse protegido y de hacer las cosas que le gustan. El collar es el primer paso para acostumbrarlo: jugando con él, tiraremos hasta que acepte la constricción en el cuello. Le ataremos la correa y daremos unos pasos por casa. No importa si tira hacia atrás intentando soltarse; lo arrastraremos con suavidad hacia nosotros, enseñándole una galleta que llevaremos en la mano.

Una vez conocidos el collar y la correa, ha llegado el momento de su primer paseo. Las primeras veces dará tirones o intentará retroceder para liberarse, con la esperanza de escurrirse del collar.

Las necesidades fisiológicas fuera de casa

Cuando el perro ya tiene confianza en el territorio «exterior», se contiene espontáneamente dentro de los límites de casa y hace sus necesidades fuera sin problemas. No olvidaremos mostrarle nuestra alegría por el hecho y, cuando se disponga a hacerlo dentro de casa le diremos *ino!*, y nos mostraremos contrariados cuando use el periódico. Al cabo de pocos días deberemos tener el valor de retirar el papel de periódico y aumentar el número de salidas. Recordemos que cada vez que defeque en la calle deberemos limpiar como si estuviéramos en casa: el incremento de población canina en las ciudades ha hecho necesaria esta norma cívica.

La negativa

Al igual que la llamada, la negativa es otra orden que un cachorro de dos meses ha de reconocer perfectamente. El aprendizaje de estas órdenes no debe estar asociado al miedo, sino al hecho que no deseamos que realice una determinada acción y sobre todo que nos disgusta mucho que la lleve a cabo, hasta el punto de que podríamos abandonarlo a su destino excluyéndolo del grupo. El miedo al abandono será el motor que hará que poco a poco el cachorro aprenda lo que puede y lo que no puede hacer.

Para los cachorros es una forma de estar juntos, de conocerse mejor y saber quién es el más fuerte, el más valiente, el más reflexivo y el más rápido. Pero en realidad es el hombre quien dice que los cachorros «juegan» para referirse a este comportamiento. En efecto, los animales juegan, pero al mismo tiempo se agreden, se desafían, gruñen, se muerden el cuello, se acosan y persiguen todos juntos un objeto del que desean apoderarse, simulando una cacería. La misma madre los estimula en esta actividad, pero sin dejar que se pasen de la raya; y es precisamente en estos casos cuando oímos que un cachorro emite un fuerte grito y a menudo se tumba boca arriba para indicar que reconoce haber superado el límite.

Los adultos se comportan del mismo modo: arrancan de pronto en persecución de un objeto invitando a los cachorros a seguirles, como para enseñarles una técnica de caza, o bien los incitan a atacar y luego les imponen una sumisión.

Este juego, que tiene lugar a diario, debe continuar cuando el cachorro se separa de los hermanos, padres y tíos y se integra en la nueva familia, con la diferencia de que seremos nosotros quienes deberemos jugar con él, teniendo en cuenta que para el animal es una forma de aprender a comportarse y de asumir el lugar que le corresponde en la jerarquía.

Deberemos aprender a comportarnos con él como lo haría un adulto, lo cual significa que nunca iniciaremos un juego sin tener claro qué sentido tiene. Es fundamental que respetemos siempre la siguiente regla: «se juega para aprender». También podemos proponerle juegos de lucha, en el curso de los cuales deberemos reprenderlo con un ¡no! seco cuando gruña excesivamente o cuando no deje de mordernos las manos. En estos juegos el cachorro nunca ha de tener la impresión de poder imponerse y deben terminar siempre con la sumisión del cachorro.

El adiestramiento del cachorro de los cuatro a los seis meses

Hasta ahora hemos jugado con el cachorro y deberemos continuar haciéndolo, aunque con una pequeña diferencia. Hemos empezado enseñándole algunos comportamientos, y a partir de los cuatro meses debemos empezar a adiestrarlo. Por lo tanto, nuestro alumno tendrá que darse cuenta de que ha llegado el momento de ponerse a trabajar en serio.

En esta etapa el golden ha de adquirir confianza en sí mismo y respeto por el instructor y, dado que introduciremos ejercicios cuya res-

puesta es para el perro un signo inequívoco de sumisión, deberemos presentarlos siempre asociados a algo agradable y en ningún caso como una obligación.

Ya desde el principio se puede usar una cadena fina que no le oprima el cuello, o un collar-correa típico de los retriever. Es muy cómodo porque está formado por un solo elemento y, paseando con el perro, se puede mantener flojo.

La marcha con correa

En las exposiciones caninas y durante los ejercicios de

adiestramiento el perro tiene que caminar siempre a nuestra izquierda. Ha de aprender a mantenerse a la altura de la rodilla, sin adelantarse ni retrasarse. Cuando esto ocurra, al principio adaptaremos nosotros el paso, sin dejar de felicitarlo muy efusivamente. Si perdura la tendencia a no seguir nuestro paso, habrá que dar breves tirones de la correa, felicitándolo igualmente cuando siga nuestro paso. Las muestras de satisfacción deben continuar cuando nos detenemos, de manera que aprenda a detenerse al mismo tiempo que nosotros.

El golden es un perro seleccionado para el trabajo, concretamente para la búsqueda y cobro. Su tendencia natural es llevar a cabo esta función y, si el perro vive en una familia en la que sólo se le pide amistad, es posible que se vuelva perezoso o que busque desesperadamente algo para coger con la boca y llevar de un lado para otro. Para evitar estas situaciones, tan antagónicas como antinaturales, es conveniente proponerle desde cachorro un pequeño programa de adiestramiento que para él represente un juego y que, al mismo tiempo, le permita expresar la función para la que ha sido seleccionado.

Sentado

Le daremos la orden *¡sentado!* en el momento en que el perro se disponga a adoptar espontáneamente la posición sentada, y lo felicitaremos jugando con él y mostrándole

nuestra satisfacción con el *¡muy bien!* Si le cuesta repetir el ejercicio en condiciones normales, le daremos la orden y simultáneamente efectuaremos una ligera presión con la mano en la grupa, para ayudarle a flexionar las extremidades posteriores de manera que quede sentado. Le daremos la orden cada vez que, caminando con él, nos detengamos.

Echado

El hecho de tumbarse por orden del dueño supone para el

cachorro un momento de fuerte inhibición de sus instintos. En este caso también se debe actuar con mucho tacto y astucia: se le puede ayudar a tumbarse cuando está sentado tirándole de las patas anteriores suavemente hacia delante, al tiempo que le decimos *¡tierra!* Si le cuesta realizar el ejercicio solo, le ayudaremos haciendo pasar la correa por debajo del pie y, después de haberle hecho sentar, le daremos la orden al tiempo que tiramos de la correa para que note el empuje hacia abajo.

La llamada

El cachorro ya conoce la orden *¡ven aquí!*, y ahora debemos hacer que no tenga la menor sombra de duda en la respuesta. Atamos al collar una cuerda larga que servirá para ayudarle a reaccionar correctamente, reforzando su llegada con un trocito de comida. Cuando realice el ejercicio correctamente le quitaremos la cuerda y nos limitaremos a felicitarlo efusivamente. Si no quiere venir no deberemos perseguirlo, porque él interpretaría nuestra reacción como un juego, en el cual él sale como vencedor porque es más rápido que nosotros.

■ SOCIALIZACIÓN

En la mayoría de los casos, el golden no presenta problemas de socialización con las personas. Esto podría ocurrir a perros que siendo cachorros no habían tenido contacto con seres humanos, excepto con el criador que les llevaba la comida. En este desgraciado caso es conveniente que, desde el momento en que se haya instalado en casa, el perro empiece gradualmente a relacionarse con terceras personas, dentro y fuera de su territorio, que le toquen y le traten amistosamente.

Otro aspecto importante es la socialización con otros perros, sobre todo si en el criadero no ha tenido la oportunidad de conocer otros animales que no sean los hermanos y la madre. Para ello deberemos llevarle a los parques y, asegurándonos previamente de que los otros perros son equilibrados desde el punto de vista psicológico, le dejaremos que se relacione y juegue con ellos. Si deja escapar algún aullido no deberemos preocuparnos: será una buena lección de educación canina, importante para reconocer su propia condición de perro y, en concreto, de cachorro, y para descubrir que ha de ser capaz de someterse a los adultos, ya sea por respeto o bien para evitar daños peores.

ALIMENTACIÓN Y SALUD

Finalmente, el perro ha pasado a formar parte de nuestra familia, y ha llegado el momento de poner en la práctica el dicho *mens sana in corpore sano*.

En primer lugar recordaremos algunos conceptos sobre el significado de la comida para nuestro perro, un animal inteligente que asigna un significado concreto a cada acción que le atañe.

Cuando le ofrecemos el plato lleno de comida no realizamos únicamente un gesto mecánico cuyo fin es su supervivencia. En efecto, uno de los primeros signos de domesticación es que el animal depende directamente del hombre en lo que a la alimentación se refiere, es decir, que desde el punto de vista biológico el perro es totalmente dependiente del hombre.

Por consiguiente, si la domesticación se ha producido en parte a través de la comida, la forma en que se lo presentamos contribuye a definir la posición de perro en la jerarquía interna de su nueva familia.

En este capítulo veremos cómo se presenta la comida del perro para que este recuerde que come gracias a nosotros y que sin nosotros

no podría sobrevivir; y esto no lo haremos por vanidad, sino para reforzar en la mente de nuestro nuevo amigo el recuerdo de que se ha convertido en animal doméstico, concretamente en un valioso auxiliar del hombre.

Alimentación es sinónimo de salud; en estas páginas veremos también cómo y cuándo alimentar al perro, sin pasar por alto algunos pequeños detalles y las golosinas que pueden hacerle más agradable la vida, igual que les ocurre a los niños.

Un perro sano es un perro que vive en un ambiente sano, sobre todo desde el

punto de vista higiénico. Tampoco hay que caer en excesos, porque el perro tiene sus propias defensas naturales, bastante más numerosas y potentes que los humanos. Nuestra labor tan sólo consistirá en protegerlo de los parásitos internos y externos, y de todos los peligros que le puedan acechar en los lugares en donde el hombre no siempre actúa con las debidas precauciones.

Un perro bien alimentado y sano no será nunca un perro feliz si no realiza la cantidad adecuada de ejercicio físico. Puede adaptarse perfectamente a vivir en un piso de una ciudad, pero es imprescindible que se desahogue y corra. Esto significa que antes de adquirir un perro tenemos que estar seguros de que disponemos de tiempo suficiente para llevarlo cada día a algún lugar

en donde pueda hacer ejercicio. Aunque tengamos jardín en casa, no deberemos conformarnos con llevarle a pasear esporádicamente (o peor aún, con dejarlo todo el día solo, y acordarse de que existe sólo a las horas de comer). Cada día tenemos que pasar un rato con él, jugando y corriendo. Es una buena costumbre hacer que se relacione con otros perros en cualquier momento.

LA ALIMENTACIÓN

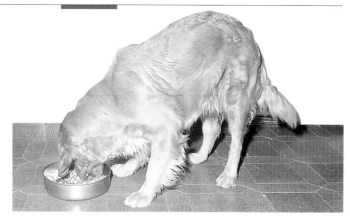

En primer lugar hay que desmentir la convicción muy común de que el perro es un animal carnívoro. Su antepasado el lobo prefiere la carne, pero no hace ascos a las vísceras de sus víctimas herbívoras y a varios tipos de vegetales, como bayas, hierbas o tubérculos. Es más, las busca para reabsorber las vitaminas y las sales minerales indispensables para el equilibrio alimentario. Por otro lado, al estar en contacto directo con el hombre, el perro se ha adaptado rápidamente a comer lo que el hombre podía ofrecerle, ya sean los restos de su pobre comida o el monótono rancho a base de pan seco y lecho, en el caso de los perros de pastor en las montañas.

Si se le deja actuar por instinto, el perro se abalanza sobre el plato, devora su contenido y lo defiende enérgicamente. Es un comportamiento que forma parte del recuerdo ancestral: después de matar a la presa, se entabla una fuerte disputa entre todos los integrantes de la manada para hacerse con el animal capturado.

Nosotros hacemos las funciones de «jefe de la manada» y le «autorizamos» a comer, enseñándole a acercarse al plato tranquilamente, sin abalanzarse sobre la comida. ¿Cómo lo haremos? Las primeras veces detendremos al golden antes de que se precipite sobre la comida con un *¡no!* pronunciado en tono seco, y la mano abierta sobre su cabeza; le haremos esperar

10 segundos y luego le dejaremos comer, para lo cual le daremos la orden «come». Cuando el animal haya aprendido el proceso, esperaremos 30 segundos antes de dejarle comer, sin olvidar nunca darle la orden pertinente.

Un cachorro ha de comer tres veces al día, ya que de esta forma asimilará mejor los alimentos. Conviene además que coma siempre antes que la familia y que se disponga de algún tiempo inmediatamente después para trasladarlo al exterior y que pueda hacer sus necesidades.

La comida de un perro joven se divide en dos tomas diarias hasta el año y medio. El perro adulto puede comer una sola vez al día, aunque le gusta empezar el día con un ligero desayuno.

■ LA ALIMENTACIÓN DEL PERRO ANCIANO

El perro es anciano a partir de los nueve años. Hoy en día, gracias al progreso en los campos médico y alimentario, muchos ejemplares superan esta edad fatídica y llegan a vivir —lógicamente con los achaques propios de la edad avanzada— hasta quince años o más. Si la alimentación sana y equilibrada ha sido un factor que ha contribuido a que el perro llegara a esta edad, todavía será más decisivo el hecho de adaptarla a las necesidades propias del animal anciano. Los alimentos han de contener proteínas nobles y fácilmente digeribles; la cantidad deberá reducirse en términos globales para que el aparato digestivo tenga que trabajar menos; y se le repartirá en dos o tres tomas. Por otro lado, el veterinario deberá aconsejarnos una integración de vitaminas y minerales adecuada para la edad del perro.

Un perro anciano sano estará forzosamente más delgado que cuando se encontraba en plenitud de fuerzas, debido a la disminución de la actividad fisiológica y a la pérdida de masa muscular. Por lo tanto, cuando un perro anciano tiene sobrepeso hay que replantear su alimentación, y si esto no basta tendrá que visitarlo el veterinario para determinar las causas de esta situación anómala. Un perro anciano gordo tiene dificultades para moverse, carga demasiado las extremidades y la columna vertebral, y además tiene más dificultades que un perro joven para superar los daños causados por la obesidad.

Un perro bien adiestrado puede desayunar con nosotros siempre y cuando disponga de su propia escudilla con leche y galletas

Un golden que trabaja consume una gran cantidad de energía. Su alimentación debe, pues, ser apropiada para hacer frente al desgaste físico y psicológico. Es preciso administrarle alimentos de excelente calidad porque serán más fácilmente digeribles, procurando que las cantidades de proteínas y de lípidos sean proporcionales al gasto energético que deba realizar. No es bueno dar de comer al perro antes de que comience a trabajar. Es mejor dejar pasar al menos tres o cuatro horas.

La alimentación de un perro que no realiza más actividades que un paseo por la mañana y otro al atardecer, y que suele correr un poco los fines de semana, debe adaptarse a la vida sedentaria. Pocas proteínas y pocos lípidos ayudarán al perro a que viva más tranquilamente, a que no sufra trastornos del hígado y a que no engorde inútilmente.

■ EL EXCESO DE PESO

El exceso de peso y la obesidad nunca son positivos en un animal: el primero casi siempre está causado por una mala alimentación y la falta de movimiento, mientras que la obesidad puede estar causada por disfunciones hormonales y metabólicas.

En el segundo caso es absolutamente necesaria la intervención del veterinario. En cambio, si el perro está simplemente demasiado gordo, bastará con un poco de sentido común y un poco de esfuerzo, por parte del perro, que deberá conformarse con una comida menos abundante, y por parte de quienes viven con él que deberán sacudirse la pereza y llevarle con más frecuencia a pasear, sin descartar la posibilidad de hacerlo en bicicleta; no ceder bajo ningún concepto a su mirada implorante cuando están comiendo; corregir la alimentación del perro con una dieta hipoproteínica equilibrada que le proporcione la energía necesaria, pero sin contener excesivas calorías.

Cuando se sigue una dieta adelgazante es conveniente controlar semanalmente el peso del perro. En algunos casos puede hacer falta una balanza que llegue a 200 kg, en la que pueda pesarse una persona robusta con el golden en brazos.

■ CAUSAS DE LA OBESIDAD

Predisposición natural de la raza.

Alimentación a base de las sobras de nuestra comida.

Animales sometidos a una operación de esterilización.

Edad avanzada.

Metabolismo anormal.

■ PROBLEMAS DEBIDOS A LA OBESIDAD

Trastornos circulatorios y respiratorios.

Dificultades motrices y problemas articulares, como la artritis.

Mayor incidencia de problemas cutáneos.

Mayores riesgos en caso de requerir anestesia e intervenciones quirúrgicas.

Mayor riesgo de diabetes.

Mayor riesgo de patologías hepáticas.

Las estaciones del año también influyen en la alimentación del golden: los alimentos con pocas proteínas y poquísimas grasas ayudarán a soportar un poco mejor la canícula. El agua fresca es muy importante, porque le refrescará, le bajará la temperatura corporal y también evitará las deshidrataciones.

Los alimentos secos se conservan fácilmente. Son muy cómodos y obligan a los perros a masticar. A algunos no les gustan porque no los encuentran demasiado apetitosos.

En cualquier caso, al administrárselos al perro, tendremos que colocarle un tazón con agua para que beba.

En invierno, a causa de las bajas temperaturas, el golden requiere ciertas atenciones. Es necesario que le demos todas las proteínas necesarias para obtener la energía que le permita moverse y regular su temperatura corporal. Si se encuentra en la nieve, habrá que darle agua suficiente para evitar que ingiera nieve, ya que puede contraer una infección.

■ LOS ALIMENTOS PREPARADOS

Casi todos los alimentos preparados, húmedos o secos, han alcanzado un nivel de calidad excelente, y son muy fiables tanto desde el punto de vista de la digeribilidad, como de la capacidad nutritiva. Además, son equilibrados en cuanto a la integración vitamínica y mineral. Son muy cómodos, sobre todo cuando el perro tiene que comer en diferentes lugares y cuando se viaja. Se venden en todas partes y se conservan fácilmente. Si se opta por un alimento seco es conveniente humedecerlo un poco antes de suministrarlo, o acompañarlo con agua fresca.

Los alimentos preparados son excelentes, muy apetitosos y apreciados por el perro. Son muy cómodos, ya que no es necesario acompañar la comida del perro con un cuenco lleno de agua

La alimentación casera necesita una cierta habilidad para preparar alimentos, ya que los hidratos de carbono y las legumbres deben administrarse en la proporción correcta y es necesario añadir vitaminas y sales minerales.

COMPOSICIÓN DE LOS ALIMENTOS SECOS

Condiciones de vida	En verano		En invierno	
	proteínas	grasas	proteínas	grasas
Sedentaria	20 %	5 %	20 %	9 %
Normal	22 %	9 %	25 %	12 %
Activa	30 %	15 %	30 %	20 %
Anciano	18 %	5 %	18 %	9 %

* Estos porcentajes son de referencia, ya que varían ligeramente según el fabricante.

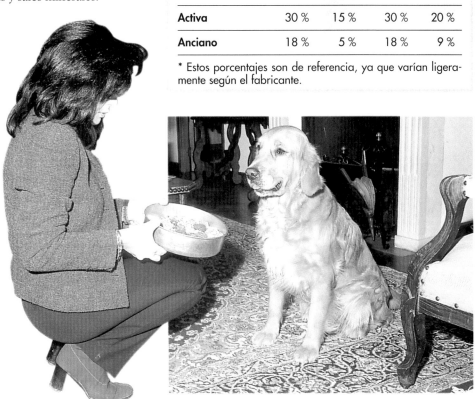

No deberá sorprendernos que el perro coma hierba, porque es un comportamiento totalmente normal. Es posible que lo haga porque ha encontrado un sabor particularmente agradable, o porque le duele el estómago y le alivia comer hierba.

Sin lugar a dudas es la que prefiere el golden. No debe consistir en una mezcla casual de los restos de cocina, sino que debe respetar las necesidades nutricionales del perro. Por lo tanto, la comida del perro ha de prepararse teniendo en cuenta las proporciones correctas de carne, hidratos de carbono, verduras y complementada adecuadamente con sales minerales y vitaminas.

El perro ha pasado del estado salvaje a ser auxiliar del hombre en una vida siempre al aire libre, y hoy en día ha acabado siendo un animal urbano, como muchos de sus amigos de dos patas. Con ello ha perdido la posibilidad de complementar la dieta carnívora con hierbas, bayas, frutos y raíces. Si tenemos planeado salir a menudo de la ciudad con el golden —fines de semana, concursos, exposiciones, vacaciones— y hemos decidido darle una dieta casera, es conveniente acostumbrarlo a comer también alimentos secos.

El perro es un animal de costumbres fijas que acepta mal los cambios de alimentación, que pueden causarle problemas digestivos, de poca gravedad pero molestos, que se manifiestan con diarrea y malestar general. Para evitar estos inconvenientes le acostumbraremos a alternar el tipo de comida —dos o tres días de alimentación casera y uno o dos de pienso— o bien incluir en la comida de cada día una parte de alimento seco equivalente a un tercio del total.

Es una buena costumbre dar periódicamente al perro un hueso para roer.

Es importante que el hueso no se astille. Nunca hay que darle huesos de aves; el mejor es la rodilla de buey, de vaca o de caballo.

Además de ser una diversión, el hueso favorece la limpieza de los dientes y la eliminación del sarro; es, por decirlo de algún modo, el cepillo de dientes idóneo para nuestro perro.

La periodicidad con la que podemos darle un hueso es cada 10 o 15 días, según consideremos conveniente.

ALIMENTACIÓN CASERA DIARIA DE UN ADULTO DE 50 KG

Carne	500 g	**Levadura de cerveza**	20 g (en perro activo)
	en perro activo: 15-20 % de grasas	**Aceite de semillas**	una cucharada sopera
	vida sedentaria: 10-12 % de grasas	**Yemas de huevo**	2 por semana
Pasta de arroz	400 g	**Sales minerales***	
Verduras mixtas	200 g	**Vitaminas***	

* Las sales minerales y las vitaminas se suministran atendiendo a las instrucciones de uso de cada producto

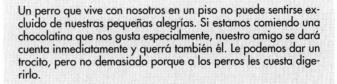

■ EL CHOCOLATE

Un perro que vive con nosotros en un piso no puede sentirse excluido de nuestras pequeñas alegrías. Si estamos comiendo una chocolatina que nos gusta especialmente, nuestro amigo se dará cuenta inmediatamente y querrá también él. Le podemos dar un trocito, pero no demasiado porque a los perros les cuesta digerirlo.

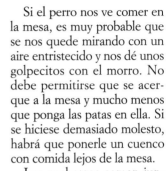

Si el perro nos ve comer en la mesa, es muy probable que se nos quede mirando con un aire entristecido y nos dé unos golpecitos con el morro. No debe permitirse que se acerque a la mesa y mucho menos que ponga las patas en ella. Si se hiciese demasiado molesto, habrá que ponerle un cuenco con comida lejos de la mesa.

Los cachorros comen juntos desde el destete hasta los cuarenta días. A partir de esta edad se les tiene que enseñar a comer cada uno en su propio comedero, para que cuando llegue el momento de la separación, estén ya acostumbrados a comer solos.

No olvidemos que el perro por lo general es bastante holgazán y que, si se le deja solo en un jardín, una vez haya marcado el territorio con la orina, puede pasarse horas y horas tumbado delante de la puerta. En efecto, su principal deseo no es correr sin ningún objetivo preciso, sino estar cómodo en medio de su familia (a ser posible tumbado en una alfombra a nuestros pies o en un sofá).

En estado natural los animales corren casi exclusivamente para cazar: todo movimiento tiene como finalidad la nutrición, e incluso el juego de la manada tiene como objetivo la definición de la jerarquía que les permitirá comer antes y, en consecuencia, adjudicarse las mejores partes de la presa.

Antes de dar de comer a nuestro golden jugaremos un poco con él y luego le «concederemos» el plato, pretendiendo el debido respeto por el «jefe».

Cuando el perro entra por primera vez en casa, una de las primeras preguntas que nos planteamos con una cierta preocupación es: ¿cómo sabremos si está enfermo? En este capítulo procuraremos explicar algunos trucos del oficio, aquellos pequeños detalles que todas las madres saben para descubrir rápidamente si los síntomas de su niño son sólo un mal pasajero o si merecen ser examinados por el pediatra. Pero en el caso del perro esto comporta algunas dificultades más porque su cuerpo, pese a ser de carne y hueso como el nuestro, es distinto y resulta más complicado apreciar al instante la gravedad de un determinado síntoma. Además, el perro no habla, no sabe decirnos que le duele la cabeza, los dientes o el vientre. Por otro lado, es muy buen actor, y, para ganarse unas caricias y convertirse en el centro de atención, puede fingir cojera o un terrible dolor de barriga.

Un bello manto brillante y terso, sin escamaciones (que suelen ser frecuentes en la época de muda o durante la renovación natural de la piel), pero sobre todo una piel sana, indica que el perro posee una buena salud

Según la creencia popular, la trufa indica el estado de salud del perro. Esta suposición se debe sin duda al conocimiento de que el olfato es el sentido más desarrollado y, en consecuencia, más importante en el perro.

Asimismo la trufa tiene que estar siempre húmeda, aunque a veces las trufas secas o agrietadas suelen ser bastante normales en perros que acostumbran a excavar o arrastrar la nariz por el suelo para rastrear.

Los dientes son muy importantes para el perro, y lo eran todavía más para sus antepasados, puesto que los utilizaban para matar a la presa, desgarrar la carne y masticarla.

Hoy en día, al haberse convertido en un animal doméstico, el perro ya no caza para comer, y come alimentos desmenuzados y blandos.

A pesar de todo, los dientes requieren unos cuidados especiales. Un hueso cada 15 días ayuda a mantenerlos limpios. Por otra parte, también cada 15 días es conveniente limpiar los dientes y las encías al animal para prevenir la formación de sarro, con

agua y bicarbonato de sodio, utilizando una gasa o un cepillo dental.

Si nuestro perro entra en contacto con otros perros (por ejemplo, en parques, exposiciones, campos de adiestramiento) puede ser infestado por varios tipos de parásitos, internos o externos. Casi

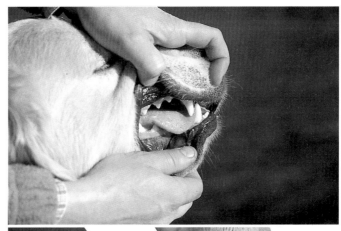

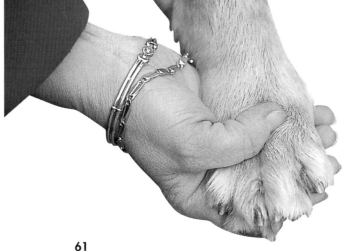

siempre se pueden eliminar. Para ello se puede aplicar un tratamiento preventivo periódicamente (cada seis meses) y usando antiparasitarios cuando se le lava.

Lamerse, rascarse, mordisquearse y sacudirse son comportamientos normales que forman parte de la limpieza de todos los días.

En cambio, lamerse insistentemente puede ser síntoma de problemas dermatológicos, de infestaciones parasitarias o incluso de una fuerte inhibición.

En el caso de que esta última fuera la causa, habrá que replantearse el tipo de relación que se mantiene con el perro.

Sea como fuere habrá que intervenir rápidamente para acabar con este hábito, distrayéndolo cada vez que le veamos hacerlo, cosa que mejorará sin duda la imagen que haya podido hacerse de nosotros.

Al despertarse, después del baño, en periodos de calor, es normal que sacuda el cuerpo y la cabeza. De este modo se estimulan las glándulas odoríferas de la piel, los labios se levantan y se refresca la boca, etcétera.

Pero cuando sacude la cabeza y se rasca las orejas repetidamente significa que algo no funciona en el pabellón auditivo del perro. Quizá le haga falta una simple limpieza con un algodón y unas gotas antisépticas, pero si el síntoma persistiese, la causa podría ser un cuerpo extraño o incluso una otitis de mayor o menor gravedad, en cuyo caso debería verlo el veterinario.

Cuando estando en casa le llamamos y el animal se limita a alzar la cabeza o a mover los ojos, la situación no es normal y menos en el caso de un gol-den retriever, siempre dispuesto a hacer ejercicio.

Si el perro se comporta así a lo largo de todo el día, de-beremos preocuparnos y realizar una serie de comprobaciones: le miraremos las encías, la nariz, le tomaremos la

temperatura y controlaremos si se ha acabado la comida en cuyo caso la repondremos de inmediato.

Las encías blancas que no cambian de color al presionar con un dedo, la temperatura elevada y la trufa seca son síntomas que deben ser examinados por el veterinario. Puede tratarse de un malestar pasajero, pero también pueden ocultar algo más grave que pudiera ocasionar un disgusto.

La temperatura corporal y las pulsaciones son dos indicadores del estado de salud del perro.

Para tomar la temperatura al perro se le introduce por vía rectal un termómetro pediátrico; la frecuencia cardiaca se toma presionando suavemente con los dedos la arteria femoral contra el fémur. Si presionamos con el pulgar la cara externa del muslo y con el índice y el medio la interna, debajo de estos dos últimos notaremos el «pulso» del perro.

PARÁMETROS FISIOLÓGICOS

	Cachorro	Adulto
Temperatura corporal	38-39 °C	37,5-38,5 °C
Pulsaciones en reposo	100-130 por min	60-120 por min

■ LAS PARASITOSIS

Son enfermedades fácilmente identificables, bastante difundidas; no son graves pero sí son molestas; afectan al aparato digestivo (parásitos internos) y a la piel (parásitos externos).

Parásitos internos. Son los ascárides, los ancilostomas, las tenias y los tricocéfalos. Se detectan observando el comportamiento del animal (el perro se lame), el aspecto (pelo opaco y adelgazamiento) y los excrementos; realizando un examen coprológico se pueden apreciar los huevos de los parásitos. La terapia consiste en la administración de antiparasitarios específicos, apoyada con un tratamiento de carácter preventivo consistente en la eliminación de los excrementos sólidos y en la desinfestación del lugar en donde vive nuestro perro.

Parásitos externos. Son las pulgas, los piojos, las garrapatas, los ácaros de la sarna y los hongos; estos últimos causan las micosis. Su presencia se puede detectar por el comportamiento del animal (el perro se rasca continuamente y se lame), el aspecto (pelo opaco y a veces roto), o incluso se pueden ver a simple vista. Las pulgas también dejan bolitas en la base del pelo, que son los excrementos de las propias pulgas.

Las micosis y la sarna están causadas por unos parásitos muy pequeños, visibles sólo en el microscopio, y por esta razón sólo se aprecia la consecuencia, que es la caída del pelo del área afectada. El veterinario, una vez identificado el parásito, nos aconsejará el tratamiento adecuado.

Las pulgas, los piojos y las garrapatas son visibles a simple vista, y se pueden prevenir con un champú adecuado o con collares antiparasitarios. En cualquier caso es conveniente desinfestar los lugares frecuentados por el perro para eliminar los huevos.

Atención a las garrapatas, que deberán separarse cuidadosamente de la piel del perro. La prevención contra este parásito con productos específicos es especialmente aconsejable, sobre todo en áreas de riesgo, ya que la garrapata puede transmitir la piroplasmosis, que se manifiesta con una fuerte anemia fácil de curar si se detecta a tiempo (orina de color entre anaranjado y marrón, con fiebre de 40 y 41°), pero que puede conllevar la muerte del animal si no se cura a tiempo.

■ CONTAGIO DE LAS ENFERMEDADES DEL PERRO

La gran mayoría de las enfermedades que afectan a las especies animales son específicas, es decir que sólo se transmiten de perro a perro, de hombre a hombre, etc. Las que sí pueden ser contagiadas son unas 200 (según datos de la Organización Mundial de la Salud), pero en gran parte de los casos la difusión se produce lejos de los lugares que normalmente frecuentan los seres humanos y los animales domésticos. Las pocas enfermedades de las que es responsable el perro doméstico son:

— infecciones tetánicas por mordeduras y arañazos;
— dermatitis y micosis debidas principalmente a la falta de higiene;
— los parásitos externos raramente se transmiten del perro al ser humano, y el único que puede crear algún problema es la garrapata;
— el único parásito interno que se transmite al hombre es la tenia, aunque el riesgo se limita al contacto con perros desconocidos;
— la rabia, enfermedad vírica afortunadamente poco difundida actualmente y que se encuentra bajo control sociosanitario gracias a la vacuna obligatoria en las zonas consideradas de riesgo.

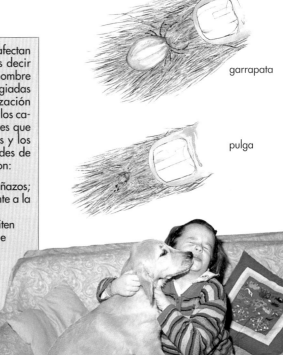

garrapata

pulga

LA VISITA AL VETERINARIO

El veterinario, además de efectuar las visitas rutinarias y todas las acciones de carácter sanitario que le competen, suele ser también un experto en el comportamiento del perro, y no tendrá inconveniente en aclararnos todas las dudas que le expongamos, sobre todo en el campo sanitario. Nos explicará cuáles son los síntomas que han de ser motivo de preocupación, y qué hacer en determinadas circunstancias, antes de correr desesperados a su consultorio. Nos explicará por ejemplo que muchas veces una diarrea normal, antes de ser tratada con fármacos, puede ser curada con sentido común: un día de ayuno y dos días comiendo con pocos hidratos de carbono. De este modo nos ahorraremos las horas transcurridas en la sala de espera y una visita en muchos casos inútil.

En la sala de espera de un centro veterinario suele haber muchos perros. Evitaremos cualquier tipo de riña y, aunque el nuestro esté bien educado, haremos que se siente a nuestro lado y procuraremos que se esté quieto. Si está nervioso por encontarse en un lugar desconocido, lo tranquilizaremos con caricias y con la voz o bien saldremos al exterior para dar un corto paseo después de haber reservado el turno.

Si se trata de la primera revisión, concertaremos visita a una hora poco concurrida, para que el cachorro no se asuste al estar en un lugar nuevo y con perros desconocidos. Deberemos llevarlo en brazos porque, al no haber completado el programa de vacunas, es preferible no arriesgarse a que entre en contacto con otros perros.

Inmediatamente después de haber comprado el cachorro, lo llevaremos al veterinario para una revisión general y comprobar que no tenga algún defecto que nos haya pasado por alto. Más tarde, lo llevaremos nuevamente para vacunarlo.

Cuando el perro es adulto, y si goza de buena salud, basta una visita semestral para las vacunas (moquillo, parvovirosis, leptospirosis, rabia), que el veterinario aprovechará para efectuar una revisión general y un examen de las heces (recogidas en un frasco que se compra en las farmacias).

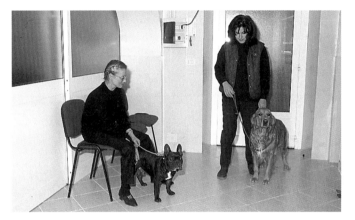

Si el perro vive en un lugar con elevada presencia de mosquitos, es conveniente plantear un tratamiento preventivo contra la filaria, una enfermedad cardiopulmonar transmitida al perro mediante la picadura. El veterinario puede detectarla en las visitas rutinarias, pero dado que el tratamiento es fastidioso y la curación larga y no siempre completa, es aconsejable comunicarle si el perro ha estado o está a punto de viajar a una zona de riesgo. De este modo se podrá aplicar un tratamiento preventivo, que hoy en día ofrece una garantía total.

La displasia de la cadera es una patología grave de la articulación coxofemoral. Es específica del rottweiler y resulta difícil de diagnosticar antes de los cinco meses, por lo cual la única garantía es la exención de esta patología por parte de ambos progenitores. La displasia se manifiesta con cojera y dolor a la palpación de la zona afectada. La única forma de asegurarse de que un perro carece de esta enfermedad, o de determinar el grado, en caso de haberla, es por medio de una radiografía, que deberá realizarse también a los perros que aparentemente están sanos, si bien habremos de esperar a que cumplan un año de vida.

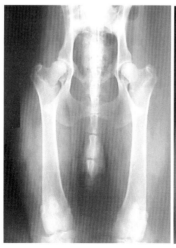
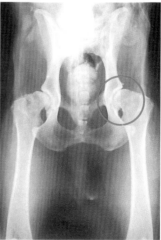

Sin displasia   *Con displasia*

■ LAS VACUNAS

Las vacunaciones anuales han sido el arma más eficaz para vencer algunas enfermedades de origen bacteriano o vírico que durante muchos años han supuesto un grave riesgo para la vida de nuestros perros. El recordatorio anual es prácticamente un deber para el dueño de un perro y, con mayor motivo, para el criador que posee hembras. Los cachorros al nacer están protegidos por los anticuerpos de la madre, se vacunan por primera vez a los 50 días de vida, y se les inyectan recordatorios periódicamente.

Las vacunas más comunes son contra la leptospirosis, contra el virus del moquillo, la hepatitis, la parvovirosis y la tos de las perreras. Esta última se aconseja especialmente en lugares de mucha población canina, por ejemplo en un criadero.

EL PROGRAMA DE VACUNAS

	50-55 días	70-75 días	90-95 días	3-6 meses	recordatorio anual
Moquillo	■	■			■
Hepatitis	■	■			■
Parvovirosis	■	■			■
Leptospirosis		■	■		■[1]
Tos de las perreras			■		■
Rabia				■	■

* En situaciones de riesgo, recordatorio a los 15 días.

Las situaciones que describi-
remos en este apartado requieren, en la mayoría de los
casos, la intervención del veterinario; sin embargo el propietario ha de tener recursos
para practicar una primera
curación mientras esperamos
al especialista.

Picaduras de insectos: las zonas de más incidencia son
la boca, los labios, la lengua, las orejas y las patas
delanteras. Se lava inmediatamente la parte afectada
con agua fresca y se observa la rapidez de la
inflamación. Si además de prurito, sed y nerviosismo
general se observan dificultades respiratorias,
llevaremos el perro al veterinario

Golpe de calor: es típico del animal al que
han dejado encerrado dentro de un
automóvil (incluso con la ventanilla un poco
abierta); también puede producirse cuando
el perro lleva a cabo grandes esfuerzos, o no
tiene la posibilidad de resguardarse en la
sombra en un día particularmente caluroso.
Mojaremos rápidamente al perro con agua
(si es posible bañándolo en agua fría), y
seguidamente lo instalamos en un lugar
fresco en donde le dejaremos descansar con
una manta mojada encima. Si en poco
tiempo la situación no mejora, contactaremos
con el veterinario más próximo

Mordedura: en este apartado omitiremos las
situaciones particularmente graves que puedan afectar
a los órganos internos, en las que sólo podrá intervenir
el veterinario. Si la mordedura es superficial y no
presenta graves laceraciones la lavaremos con agua,
cortaremos el pelo alrededor de la herida y la
desinfectaremos con agua oxigenada; si la herida está
cerca del ojo, es preferible utilizar agua bórica. La
capacidad de cicatrización del perro es muy alta y, en
consecuencia, si la herida no supera los dos
centímetros, no será necesario ponerle puntos de
sutura; sólo la haremos coser si el golden participa en
exposiciones y queremos que la herida se cierre a la
perfección

Para la primera cura mientras se espera al veterinario se necesita un material de primeros auxilios: suero fisiológico, agua oxigenada, gasas, vendas elásticas, esparadrapo, algodón hidrófilo, jeringuillas, tijeras de punta redonda, cortaúñas, termómetro pediátrico.

Es posible que veamos algún perro con un extraño collar, parecido a un embudo o a un cuello de la época isabelina; precisamente por esto recibe el nombre de *collar isabelino*.

Este collar sirve, por un lado, para evitar que el perro pueda rascarse la cabeza con las patas traseras y, por otro, impide que el animal pueda alcanzarse muchas partes del cuerpo con la boca, y no se lama las heridas o alguna pomada.

El perro escupe de manera instintiva cualquier cosa que se le introduzca en la boca en contra de su voluntad. Para

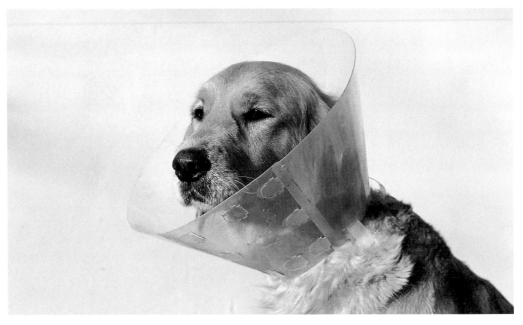

lograr que se tome un comprimido se lo tendremos que introducir profundamente en la garganta, e inmediatamente masajearle el cuello. No olvidaremos abrirle la boca para comprobar que no la haya retenido en algún rincón de la boca. Todavía es más difícil convencerlo (o mejor dicho, obligarlo) de que acepte tomarse un medicamento líquido: utilizaremos una jeringuilla sin aguja y le inyectaremos lentamente el líquido por la comisura labial. Si el animal lo expulsa veremos si tenemos más suerte depositando, también con la jeringuilla, el producto en la superficie de la lengua, lo más al fondo posible.

Si el animal debe seguir un tratamiento en el que se incluyen inyecciones, y el veterinario nos sugiere que se las pongamos nosotros mismos, debemos saber que hacerlo no es tan complicado. Si la inyección es subcutánea, levantaremos un pliegue de piel del perro con dos dedos, clavaremos la aguja horizontalmente y haremos retroceder ligeramente el émbolo. Si retorna inocularemos el líquido, y la inyección ya estará puesta.

Una inyección intramuscular se coloca en la parte posterior del muslo

o en la nalga, procurando no tocarle el hueso con la aguja. Antes de inyectar el contenido aspiraremos ligeramente con la jeringuilla para asegurarnos de que no hemos clavado la aguja en un vaso sanguíneo: si así fuera, el líquido se teñiría de rojo por culpa de la sangre aspirada, y entonces deberíamos retirar la aguja y repetir la operación hasta que al aspirar no cambie el color del medicamento; una vez puesta la inyección efectuaremos un ligero masaje en la parte.

Los supositorios no gustan a nadie, y mucho menos a un perro, que lo considera como un atentado a su dignidad. Por esta razón, si es un animal muy dominante deberemos ponerle el bozal, y si estamos solos tendremos que ponernos a horcajadas sobre el lomo.

Le introduciremos el supositorio con sumo cuidado en el recto utilizando una bolita de algodón como tapón y esperaremos unos segundos para evitar que lo expulse.

■ ATROPELLO: CÓMO TRANSPORTAR UN PERRO ACCIDENTADO

Los atropellos son bastante raros, pero constituyen un riesgo para el cachorro que vive en la ciudad. Lo principal es saber que un atropello afecta a todo el organismo, aunque el traumatismo esté claramente localizado, por ejemplo en una pata; se pueden haber producido lesiones internas y, por consiguiente, es indispensable que el veterinario vea al perro. Otro aspecto importante es prestar mucha atención al transporte del perro herido.

La mejor solución es extenderlo cuidadosamente en una superficie lisa para evitar que se agraven las posibles lesiones internas; cuando lo transportemos, evitaremos los baches en la medida de lo posible.

Si no disponemos de ninguna base rígida, lo moveremos con mucha cautela; si es un cachorro, lo levantaremos pasándole un brazo alrededor del cuello y otro por debajo del tórax, sin comprimir la zona abdominal; si es adulto lo agarraremos de manera que apoye el tórax contra el nuestro y el mentón sobre un hombro, y lo aguantaremos con un brazo por debajo de los muslos y lo abrazaremos suavemente, con el otro brazo apoyado en sus hombros.

■ ENVENENAMIENTO, INTOXICACIÓN E INGESTIÓN DE CUERPOS SÓLIDOS

Para satisfacer su curiosidad el perro usa principalmente el olfato, por ello, especialmente cuando es cachorro, pasa mucho tiempo con el hocico en el suelo. Es bastante normal que pruebe algo que tenga un olor particular, que mastique o ingiera algún cuerpo sólido; casi siempre el daño es poco o inexistente, pero también puede ocurrir que se trague algo tóxico, de gran tamaño o que le produzca laceraciones en los órganos internos.

Sustancias nocivas
Si la sustancia queda retenida en la cavidad oral, se aprecia una abundante salivación, tos, úlceras en la lengua, en las mucosas y en algunos casos síntomas de ahogo. En cambio, si pasa rápidamente al estómago los síntomas aparecen más tarde, a veces incluso días después, con manifestaciones:

— *neurológicas:* convulsiones, temblores, rigideces, pérdida del conocimiento; son síntomas típicos de la ingestión de herbicidas, pesticidas e insecticidas;
— *generalizadas:* típicas de los venenos, como por ejemplo la estricnina, de la inhalación de óxido de carbono o de la ingestión de determinadas partes de plantas como el oleandro o el tejo, o de alguna seta. El malestar se manifiesta con vómito, espasmos, diarrea, temperatura muy baja (conviene dar calor al animal) o muy alta (conviene enfriarlo, mojándole la frente y el pecho con un trapo húmedo);
— *dificultades de coagulación de la sangre:* el perro se muestra desganado y vomita, pero lo más importante es que la sangre no le coagula; es típico de los raticidas.

Ingestión de cuerpos sólidos
Por desgracia no es rarísimo que un macho se trague una piedra durante el celo de una hembra, o que un cachorro muerda y acabe tragándose una rama de rosal o un pedazo de alambre. Si la piedra es pequeña recorrerá todo el tubo digestivo hasta ser expulsada, pero si es demasiado grande podrá causar una oclusión intestinal. Esto podemos notarlo si el perro pierde el apetito, bebe mucho y tiene conatos de vómito. En el caso anterior del cachorro observaremos sangre en los excrementos, inapetencia, sed e indicios sanguinolentos en lo poco que consigue vomitar.

En ambas situaciones es indispensable la intervención del veterinario, que la mayor parte de las veces deberá operar para extraer el cuerpo extraño.

LA GESTACIÓN Y EL PARTO

El parto es un acontecimiento muy emocionante que todo propietario de una hembra desearía poder vivir. Criar una camada no es tan sencillo como parece, y requiere una serie de conocimientos, paciencia y dedicación. Los cachorros necesitan una serie de cuidados; además, a los 20 o 25 días empiezan a corretear por casa, causando todo tipo de destrozos, a causa de su gran vitalidad, el afán de explorarlo todo y la necesidad de satisfacer sus necesidades fisiológicas. Si no estamos seguros de tener el tiempo suficiente para cuidar de la camada, es preferible renunciar a la experiencia, a lo que debe añadirse la dificultad que supone muchas veces encontrar nuevos propietarios para los cachorros.

Si por la razón que sea queremos a toda costa que la hembra tenga una camada, podemos cederla al criador, que se encargará de los preparativos y de la supervisión del parto, y atenderá debidamente a los cachorros. Otra solución es hacerla parir en casa y posteriormente llevar a la madre y a los cachorros al criadero, aunque nunca entre los 15 y los 30 días.

La gestación

Si durante un paseo observamos que un macho corteja con especial interés a nuestra perra y le huele debajo de la cola, significa que el celo es inminente. El macho lo percibe por el olor que desprende la hembra, provocado por una serie de cambios hormonales que están teniendo lugar en su organismo. Nosotros podemos apreciarlo a simple vista: la vulva se vuelve turgente y al cabo de pocos días empieza a tener pérdidas de sangre.

Cuando las gotas de sangre se hacen más claras, densas y de color pajizo (aproximadamente a los nueve días) significa que ha empezado la ovulación. La hembra sólo acepta al macho durante este periodo, que dura de media tres días.

Los primeros 40 días a partir de la monta es difícil apreciar si la hembra está grávida. Podemos observar algunos signos: está más tranquila, deseosa de soledad y al mismo tiempo afectuosa, aunque por otro lado también es más irascible, hasta el punto de que puede llegar a morder. Si desea moverse, puede correr y saltar tanto como quiera.

La posesividad se acentúa durante la gestación, y en los últimos 15 días puede convertirse en una obsesión y hacer que la perra se adueñe celosamente de algún objeto, sobre todo peluches pequeños. El abdomen aumenta de tamaño, los movimientos se hacen más pesados y le gusta tumbarse sobre un flanco; los pezones se hinchan, y puede ocurrir que uno o días antes de parir dejen escapar alguna gota de suero blanco. De vez en cuando excava en los lugares más imprevisibles, como por ejemplo en la alfombra de casa, como si estuviera preparando una madriguera.

El parto

El parto tiene lugar entre los 59 y los 63 días a partir de la primera monta. Es un hecho natural que una hembra equilibrada es capaz de realizar guiándose por el instinto.

Unos días antes del parto le enseñaremos el lugar que habremos preparado para el parto. La paridera, que instalaremos en una sala caldeada, debe tener unas dimensiones que permitan a la perra estar tumbada y extender las patas mientras está pariendo. Le obligaremos con mucho tacto a que pase en ella el máximo tiempo posible, le daremos de comer al lado o incluso dentro, y le facilitaremos algunas sábanas viejas que, unas horas antes del parto, rasgará hasta convertir en mil pedazos.

El inicio del parto está anunciado por las contracciones y una respiración jadeante, lenta y profunda. Los cachorros nacen a intervalos que van de los pocos minutos a las dos horas. En cuanto nacen, la madre les libera de la placenta, que se come inmediatamente después de haber cortado con los molares el cordón umbilical. Los cachorros más tónicos van inmediatamente en búsqueda del calor materno y los otros lo hacen ayudados por la madre que los empuja con el hocico; la búsqueda finaliza en el pezón de la madre.

Normalmente el parto transcurre sin problemas, pero si observamos que entre un cachorro y el siguiente pasa mucho tiempo, o que se ha roto la placenta antes de salir el cachorro y este corre el riesgo de ahogarse, llamaremos inmediatamente al veterinario, al que ya habremos avisado previamente.

Durante el primer día las mamas no segregan leche, sino calostro, una sustancia rica en anticuerpos que proporciona al cachorro una base inmunitaria que le durará hasta los 50 días, momento en que le tocará la primera vacuna.

Los cachorros crecen

Los sentidos se desarrollan a lo largo del primer mes. Durante la primera semana se sirven del olfato y del tacto para encontrar el cuerpo de la madre que les proporciona calor y leche. A los diez días los cachorros abren los ojos,

■ EL CONTROL DEL PESO

El peso de los cachorros al nacer oscila entre los 350 y los 500 g. Durante el primer día de vida experimentan un ligero descenso de peso, y empiezan a crecer a un ritmo de 50 g diarios durante el primer mes. Conviene pesarlos cada día para controlar el ritmo de crecimiento.

que son de color gris agua. Al principio sólo ven sombras y contornos, y poco a poco comienzan a distinguir el mundo que los rodea. En cuanto al oído, hay que esperar hasta el final de la segunda semana para que el conducto auditivo se abra. El gusto tiene un desarrollo más lento; los cachorros no empiezan a distinguir los sabores hasta los veinte o veinticinco días, momento en que realizan las primeras tentativas de ponerse en pie y caminar.

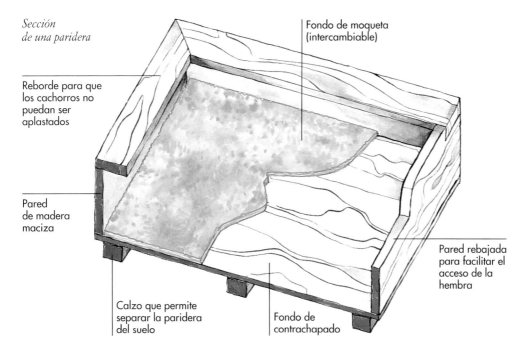

Sección de una paridera

Fondo de moqueta (intercambiable)

Reborde para que los cachorros no puedan ser aplastados

Pared de madera maciza

Pared rebajada para facilitar el acceso de la hembra

Calzo que permite separar la paridera del suelo

Fondo de contrachapado

En esta fase ya se puede empezar a diversificar la dieta. El destete se inicia con un alimento lo más parecido posible a la leche de la madre, y gradualmente se va añadiendo la primera carne. La madre los alimentará todavía durante un par de semanas, y nosotros la ayudaremos a disminuir la producción de leche alimentando con mayor frecuencia a los cachorros.

Al cumplir los treinta días ya son autónomos: ven, oyen, huelen y caminan, por fin pueden decidir a dónde van, y en consecuencia comienzan a realizar sus primeras exploraciones. Cada día se alejan más de la madre, pero se refugian en sus patas así que oyen o ven algo nuevo o imprevisto, aunque su inexperiencia les hace ser muy confiados, especialmente con el hombre. De estos primeros encuentros dependerá la seguridad con la que, una vez adultos, afrontarán todas las novedades que la vida con los seres humanos les irá proponiendo.

EL ADIESTRAMIENTO

El golden retriever nace como perro de trabajo especializado en el cobro de las piezas en terrenos de difícil acceso y también en agua. Actualmente la caza ya no es una necesidad, y el golden se ha convertido en el compa-ñero ideal del hombre. Sus funciones se han ampliado y, además del cobro, puede ser guía para invidentes o puede orientarse al adiestramiento deportivo.

En un capítulo anterior hemos visto el aprendizaje de las normas de educación básicas. Ahora, en este capítulo, daremos un paso más y nos centraremos en el adiestramiento avanzado, que sin ninguna duda proporcionará grandes satisfacciones tanto al perro como a su amo.

EL ADIESTRAMIENTO AVANZADO
PARA EL CONTROL DEL PERRO

Los ejercicios que veremos a continuación son esencialmente ejercicios de repaso y de corrección de la educación inicial. El golden retriever que recibe un adiestramiento deportivo debe saber caminar perfectamente al lado de su conductor con y sin correa, acudir a la llamada, saltar un obstáculo y, precisamente por ser un perro de cobro, detenerse a distancia. Esto último porque puede darse la circunstancia de que cuando esté yendo a recuperar una pieza abatida o un *dummy* (*apport* especial para perros retriever), se le tenga que detener con la voz por motivos muy dispares.

La conducción con correa

Para evolucionar en un adiestramiento avanzado, el perro ha de saber caminar siempre junto a su amo sin que se le tenga que repetir la orden y sin tirar de la correa. Para aumentar el grado de dificultad se puede pasar con el perro cerca de otro perro, o hacer que una tercera persona lance el *dummy* mientras estemos caminando.

La conducción sin correa

Se empieza realizando una marcha con correa, y de vez en cuando esta se deja apoyada en el lomo del animal, al tiempo que se le da la orden *ipie!* Si el perro no obedece porque se da cuenta de que está libre, se recupera inmediatamente la correa, se tira de ella para poner al animal en su sitio y simultáneamente se repite la orden *ipie!* En cambio, si el animal muestra indiferencia a la libertad, se ata al collar un hilo de nailon, que el conductor sujeta por el otro extremo. A continuación se le suelta el mosquetón de la correa sin que el animal se dé cuenta, y se le da la orden *ipie!* Si el perro continúa caminando correctamente, se harán unos pasos y el conductor lo felicitará. En cambio, si nota que está libre, el conductor deberá retenerlo bruscamente con la correa invisible y repetir la orden *ipie!*

Sentado

Es un ejercicio preliminar de todas las fases del adiestramiento, un momento de atención obligatoria —equivalente a la posición de «firmes» del soldado—. La ejecución correcta del «sentado» se realiza con el perro paralelo al hombre, el tren posterior en línea con el tronco y mirando hacia delante.

El salto

¿Nuestro perro ya está preparado para saltar pequeños obstáculos? Muy bien. En caso contrario, habrá que buscar una valla que no sea demasiado alta y saltémosla con él mientras le damos la orden *¡hop!* A continuación, nos detendremos de pronto y dejaremos que salte solo. Es muy importante dar la orden en el preciso instante en que lo haga. Al otro lado del obstáculo, nuestro perro estará perplejo: haremos que vuelva a saltar hacia donde estamos mientras le damos la orden. En cuanto lo haga, lo felicitaremos. Es un juego muy agradable con el que se divertirá mucho, sobre todo si nos acordamos de felicitarlo cuando lo haga bien.

La llamada

Para comprobar que la llamada esté perfectamente asimilada, repetiremos el ejercicio añadiendo factores de distracción. Por ejemplo, se pueden lanzar *dummies* primero lateralmente, y después entre el conductor y el perro, y cuando le llamemos dándole la orden *¡ven aquí!*, el animal ha de correr hacia nosotros en línea recta, sin hacer ademán de ir a buscar ningún *dummy*. Si el animal se dirigiera hacia el *dummy*, deberíamos ordenarle que se sentase para detenerlo, y seguidamente lo volveríamos a llamar. Nunca debemos decirle *¡no!* cuando intente ir a buscar el *dummy*, porque es precisamente lo que deberá hacer cuando se trabaje el cobro.

La parada a distancia

Ordenamos al perro que se siente delante de nosotros, retrocedemos dos pasos y le ordenamos *¡quieto!* y, con la mano abierta, le hacemos signo de que no se mueva. Al cabo de un minuto retrocedemos un paso, volvemos junto al perro y lo felicitamos (las primeras veces le damos un poco de comida). Repetimos el ejercicio varias veces alejándonos dos, tres, cuatro metros, pero volviendo siempre junto a él para felicitarlo.

Cuando estemos seguros de que el perro ha comprendido el mecanismo, podremos darle la espalda y, siempre controlando con el rabillo del ojo, intentaremos alejarnos 20 m. Seguidamente volveremos junto a él, o bien lo llamaremos, alternando siempre las dos formas de conclusión, y lo felicitaremos.

Para reforzar la parada a distancia, podemos hacer que se siente durante la marcha y que espere. A continuación un colaborador lanzará unos *dummies* cerca del perro, al tiempo que nosotros continuamos alejándonos (si es necesario, o sea si el perro intenta seguirnos, repetiremos la orden *¡quieto!*). A unos 20 m de distancia llamamos al perro, y a los pocos pasos lo detenemos nuevamente; el colaborador vuelve a lanzar *dummies*, de manera que el perro aprenda a asociar la orden *¡quieto!* con algún acontecimiento. Repetiremos el ejercicio algunas veces, alternándolo con breves momentos de repaso.

Pese a tener una gran predisposición para el cobro —no en vano se trata de una raza retriever—, el golden no nace adiestrado. Efectúa el cobro por instinto, tal como prueba el hecho de que el cachorro nos trae todo lo que encuentra y todo lo que huele de su nueva familia. Sin embargo, el cobro complejo y articulado que lo convierte en un auxiliar del hombre es una cosa bien distinta. En primer lugar, debe asociar el objeto en cuestión con nuestra persona, luego debe saber qué objeto debe buscar y dónde encontrarlo. Dichas asociaciones no son simples, pero un buen adiestramiento, orientado a potenciar su instinto natural, puede proporcionar al golden los mecanismos para entenderlas.

Familiarización con el dummy

El *dummy* no es un juego y, por tanto, no hay que dejarlo

al perro fuera del contexto de adiestramiento. Para que el golden adquiera confianza con el *dummy*, primero tiene

que conocerlo, llevarlo en la boca y ver que a nosotros, efectivamente, nos satisface que lo haga.

El material indispensable para el adiestramiento para el cobro: correa de retriever corta, correa de retriever larga, dummy *y lanzador de* dummy

El ¡ten!

Cuando el golden haya comprendido que el *dummy* no es un enemigo que conviene evitar o triturar con los dientes, sino un objeto que consideramos interesante, haremos que asocie el momento en que lo lleva en la boca con la orden *¡trae!*

El ¡suelta!

El perro está sentado delante de nosotros con el *dummy* en la boca; le acariciamos debajo de la barbilla y lo felicitamos con la idea de que lo aguante unos segundos. Luego le damos la orden *¡suelta!* para que nos lo entregue, sin que lo deje caer al suelo y estando atentos a que no se nos caiga a nosotros.

El ¡trae!

Hasta el momento la orden *itrae!* ha sido utilizada para enseñar al perro a sujetar el *dummy* con la boca. Ahora veremos que en realidad es una señal para enviar el perro a buscar el *dummy* o lo que queramos que traiga.

Buscamos un espacio bien delimitado y ordenamos al perro que se siente a nuestro lado. Lanzamos el *dummy* y, con la orden *itrae!*, hacemos que el perro vaya en su búsqueda; cuando se esté aproximando al objeto le indicaremos que queremos que lo traiga, repitiéndole las primeras veces la orden *itrae!* Cuando el perro llegue a nuestro lado, le felicitamos y le damos la orden *isuelta!*, para que el *dummy* pase de la boca del animal a nuestras manos.

El tipo de terreno a elegir deberá ser igual al que más adelante será el marco de sus evoluciones de búsqueda y cobro. Por esta razón, tan pronto como el golden haya aprendido y memorizado las fases del cobro, conviene buscar terrenos cada vez más difíciles.

EL COBRO AVANZADO

Esta fase avanzada del trabajo se denomina técnicamente *trabajo de marking*, y consiste en unos ejercicios de memorización para recordar dónde caen los *dummies* y para asociar la caída al suelo con el disparo.

La línea: avanzar recto

El perro ha de aprender a realizar su trabajo de búsqueda con el menor gasto posible de energías; esto significa que debe saber escoger la línea más rápida para llegar al *dummy*. Para lograrlo, se coloca un determinado número de *dummies* (inicialmente cuatro o cinco) en línea recta, a una distancia de 7 m uno del otro (con el primero a 10 m del punto en donde estamos nosotros). Se le da la orden *itrae!*, y se le hace traer un *dummy* cada vez, empezando por el más próximo.

Elegir entre varios *dummies*

El ejercicio siguiente consiste en enseñar al golden a traer un *dummy* cada vez, cogiéndolo de un conjunto de cinco o seis. Lo importante es que no suelte uno para coger otro.

Para poder controlar lo que hace, al principio colocaremos el conjunto de *dummies* a una distancia que nos permita ver perfectamente las acciones del perro; segui-

damente deberemos contar con la ayuda de otra persona, que se colocará cerca de los *dummies* y reforzará la acción con un *itrae!* para que el perro no dude y lo cambie.

Las direcciones

Derecha, izquierda y atrás son las tres direcciones que debe aprender el golden. Con el perro sentado de cara a nosotros, a 6 m de distancia, le enviaremos a buscar *dummies* en las tres direcciones, que señalaremos con el cuerpo.

A ser posible nos colocaremos en un lugar en donde el perro tenga una pared o un seto a sus espaldas, para delimitar las direcciones que queremos enseñarle. Lanzamos un *dummy* a nuestra izquierda y con el brazo, gesticulando claramente, indicamos al perro la dirección que deberá tomar.

Cuando haya aprendido a ir a la izquierda, repetiremos el proceso, esta vez hacia la derecha.

Para comprobar si el perro está interpretando correctamente las indicaciones, lanzaremos dos *dummies*, uno a la derecha y otro a la izquierda, y le señalaremos sólo uno con el brazo.

Atrás

Comenzaremos por sentar al perro a 6 m del punto donde nos encontramos, pero en esta ocasión sin ninguna barrera detrás del animal. Captaremos su atención y lanzaremos un *dummy* detrás de él. Le daremos la orden *¡atrás!* y con el gesto le indicaremos la dirección. En este primer caso, habrá visto caer el *dummy*, y no tendrá dificultad en recogerlo. A continuación, para comprobar si ha memorizado el significado de *¡atrás!*, pasaremos a un ejercicio más complejo: partiendo

de una conducción sin correa y, sin que el perro se dé cuenta, dejaremos caer un *dummy*. Al cabo de unos pasos, le daremos la orden *¡sentado!* y nos colocaremos de cara a él. Si confía en el conductor, cuando este le dé la orden, el perro irá a buscar el *dummy* que se encuentra detrás de él.

Un cambio de dirección

Otro ejercicio para verificar la comprensión de las direcciones: lanzaremos un *dummy* a nuestra derecha y otro a la izquierda. A continuación, mediante la orden *¡trae!*, le haremos ir hacia el *dummy* que tenemos delante, y, a medio camino, con el brazo le indicaremos que se dirija hacia uno de los lados.

EL ADIESTRAMIENTO PARA EL COBRO EN AGUA

El golden tiene una predisposición natural por el agua, y con sólo ver un charco ya se siente feliz. Sin embargo, no todos los ejemplares de la raza saben nadar, ni a todos les gusta el agua. Por esto es conveniente acostumbrarlos al agua desde pequeños, ya que lógicamente para trabajar el cobro en el agua es indispensable saber nadar bien.

Para las primeras experiencias elegiremos un lugar con orilla de poca pendiente y agua poco profunda. Sentaremos el golden a nuestro lado, y lanzaremos un *dummy* al agua, no demasiado lejos.

Damos al perro la orden *¡trae!* para que vaya a buscarlo. La entrada en el agua es un momento particularmente delicado. El perro tiende a zambullirse apresuradamente, ansioso por recu-

perar el *dummy*. Sin embargo, debemos instarlo a avanzar con cautela porque podría no ver una madera flotando o una roca.

Una vez en el agua, el perro nada recto hacia el *dummy*, lo emboca y vuelve a la orilla siguiendo una línea recta.

Cuando esté a punto de alcanzar la orilla, reforzaremos la acción de cobro con un *¡ten, trae!*, mientras se va aproximando hacia nosotros. Esperaremos unos segundos, le ordenaremos el *¡sentado!* y le presentaremos la mano para que nos entregue el *dummy*, que bajo ningún concepto se nos deberá caer al suelo.

Por lo general, después del baño todos los perros suelen sacudirse el agua enérgicamente. En cambio, un golden de trabajo ha de aprender a esperar hasta que haya entregado a su amo el *dummy*.

La explicación es muy lógica: para que no se le caiga lo que lleva en la boca cuando se sacude, se ve obligado a aguantarlo con más fuerza. Puesto que el *dummy* simula una pieza de caza, tendremos que enseñarle a no estropearla ni dañarla con los dientes.

Después de que el perro haya aprendido estas primeras órdenes en el agua, habrá que enseñarle a cambiar de dirección y a detenerse cada

vez que nosotros se lo ordenemos. Sólo un perro que haya aprendido perfectamente estos ejercicios en tierra podrá ejecutarlos en el agua sin que tenga ningún problema o se confunda.

Si el animal duda, insistiremos nuevamente, pero realizando esta vez todos los ejercicios en tierra.

En el agua el *dummy* debe ser lanzado más lejos, por lo que emplearemos un lanzador. El punto de partida también deberá ser distinto, ya que la orilla es más abrupta y la posición de partida suele estar a 5 o 6 m del agua.

EL GOLDEN Y LA BELLEZA

Si queremos poner a prueba la tipicidad del golden, es decir, si queremos descubrir hasta qué punto se ajusta al estándar de la raza, podemos pedir la opinión del criador, de algún amigo experto, o bien podemos presentarlo en una exposición. Actualmente se organizan muchos certámenes, los más importantes bajo los auspicios de la RSCFRCE, sean de ámbito autonómico, nacional o internacional. Hay quien dice que son una feria de vanidades, pero innegablemente es la forma más fácil de obtener un veredicto profesional de la calidad de nuestro perro. Asimismo, es una forma de conocer a otras personas que comparten la afición por una misma raza, de conseguir todo tipo de información y, si somos propietarios de una hembra de buena morfología y carácter, tendremos ocasión de encontrarle una buena pareja.

Para presentar dignamente un perro en exposición no hace falta ser profesional; basta que el golden esté bien educado y sepa trotar a nuestra izquierda. Lo importante es saber mantener siempre su atención para que el juez lo pueda valorar con toda su vitalidad.

La primera regla no escrita para un perro que debe ser presentado en una exposición es la higiene. Uno o dos días antes le limpiaremos bien las orejas y los ojos, y le inspeccionaremos los dientes para comprobar que no se haya formado sarro.

La preparación del manto consiste principalmente en una serie de operaciones que deben ser efectuadas por un estilista o un peluquero canino unos diez días antes de la exposición. La más importante es la eliminación del exceso de pelo en el cuello, el pecho y los hombros. Esto hace que el observador vea un perro más proporcionado, menos pesado y aprecie mejor la longitud de las patas. Otro retoque estético aconsejable (además de retocar el contorno de las orejas, los pies y la parte posterior del metacarpo y del metatarso) es el corte de las mechas de la cola de longitud decreciente desde la base hasta la punta.

La mesa plegable de exposición nos permitirá preparar al perro antes de la presentación. Es la última oportunidad para comprobar que no tenga algún nudo. Después se le aplica el acondicionador con un guante, para eliminar el polvo y dar brillo al pelo.

Al entrar en el *ring* nos encontraremos con muchos otros golden de la misma clase, edad y sexo. El juez observará a todos los perros conjuntamente, en posición estática y en movimiento, y luego los examinará uno a uno.

Es importante saber que el juez deberá poder tocar al perro y mirarle la boca para comprobar que el cierre sea correcto. Esto significa que el perro deberá estar acostumbrado a que personas extrañas lo toquen, incluso en la boca. De este modo el golden no mostrará timidez ni temor cuando se le acerque el juez.

EL ESTÁNDAR
Y LOS CONSEJOS
DEL VETERINARIO

EL ESTÁNDAR

Origen: Gran Bretaña.

Fecha de publicación del estándar de origen vigente: 24 de junio de 1987.

Utilización: perro cobrador de caza.

Clasificación FCI: grupo 8 (perros cobradores de caza, perros levantadores de caza y perros de agua), sección 1 (cobradores de caza, con prueba de trabajo).

Aspecto general

Es un perro de constitución robusta, con lomo corto. El cráneo es ancho. El pecho desciende bien y las costillas están bien desarrolladas; la zona de los riñones y el cuarto trasero son anchos y potentes.

Comportamiento y carácter

Buen carácter, muy ágil. Excelente olfato; colmillos suaves, pasión por el agua. Compañero fiel, con gran capacidad de adaptación. Inteligente, fervoroso y dócil, sólo busca ser agradable. Sencillo y afectuoso, sin ningún rastro de agresividad; tampoco se muestra excesivamente temeroso.

Cabeza

Región craneal

Cráneo

Ancho, bien dibujado, sin carrillos espesos (carnosos).

Stop

Marcado.

Región facial

Trufa

Ancha, las aletas están bien desarrolladas.

Hocico

Potente, sin forma de silbato.

Mandíbulas y dientes

Mandíbulas de largo medio con dientes fuertes que presentan un articulado en tijera perfecto, regular y completo, es decir, que los incisivos superiores recubren los inferiores estrechamente y están implantados en escuadra respecto a las mandíbulas.

Ojos

De tamaño medio, expresan su inteligencia y buen carácter. Suelen ser de color marrón o avellana.

Orejas

Ni grandes, ni pesadas, caen hacia la cabeza y están implantadas más bien hacia atrás.

Cuello

Despejado, potente y musculoso, se inserta en los hombros bien colocados.

Cuerpo

Dorso

La línea dorsal es horizontal.

Zona de los riñones

Ancha, corta y fuerte.

Pecho

Muy amplio; las costillas están bien descendidas y arqueadas.

Cola

Rasgo distintivo de la raza: muy espesa en la implantación y afilándose progresivamente hacia su extremo, de longitud media, sin flecos, pero recubierta completamente por un pelo corto, espeso, denso, que le da una apariencia de redondez que se define con el nombre de *cola de nutria*. Se lleva con alegría, pero no debe doblarse hacia el dorso.

Cuartos

Cuartos delanteros

Las patas anteriores tienen una buena osamenta y son rectas del codo al suelo, vistas de frente o de perfil.

Hombros

Tienen que ser largos y estar insertos oblicuamente.

Cuartos traseros

Muy desarrollados; la grupa no desciende hacia la cola.

Babillas

Bien anguladas.

Corvejones

Bien descendidos. Deben rechazarse los corvejones de vaca.

Pies

Redondos y compactos, con los dedos bien arqueados y las almohadillas perfectamente desarrolladas.

Movimiento

Movimiento desenvuelto, cubriendo mucho terreno. Las patas delanteras y traseras se desplazan en planos paralelos al eje del cuerpo.

Manto

Pelo

El pelo es un rasgo distintivo del golden retriever. Es corto y denso, sin ondulaciones ni flecos; al tacto da la impresión de ser ligeramente áspero; el entrepelo es resistente a la intemperie.

Color

Completamente amarillo o marrón (hígado o chocolate). El joven va del crema claro al rojizo (parecido al color del zorro). Se admite una pequeña mancha blanca en el pecho.

El golden es un perro de miembros armoniosos, robustos y enérgicos. (Fotografía de F. Dahan)

El manto del golden es terso, abundante y suave. (Fotografía de F. Dahan)

Talla

La alzada ideal en la cruz es de 56 a 57 cm en el macho y de 54 a 56 cm en la hembra.

Defectos

Toda diferencia respecto a lo descrito anteriormente debe considerarse un efecto que será penalizado en función de su gravedad.

Nota: los machos deben tener dos testículos de aspecto normal *completamente descendidos en el escroto.*

Los consejos del veterinario

por Florence Desachy

El desarrollo del cachorro retriever

Muchos propietarios de golden desean tener cachorros, y las camadas son numerosas. He aquí algunas nociones sobre el desarrollo del cachorro.

El periodo neonatal

Desde el nacimiento hasta las dos primeras semanas, el comportamiento y las reacciones del cachorro se guían sobre todo por la necesidad de mamar y la necesidad de mantener su temperatura corporal.

La alimentación

Al principio el cachorro mama siete u ocho veces al día. Los cachorros se arrastran balanceando la cabeza hasta la mama. Desde el momento en que toca a la madre, el cachorro entierra su hocico y busca la mama. Toda la camada mama al mismo tiempo. Para permitir que la leche salga, el cachorro oprime la mama con el hocico ejerciendo una presión con las patas anteriores sobre el vientre de la madre.

En los primeros instantes, la lactancia es desencadenada por la madre; luego, a partir de los veinte días, será efectuada por los cachorros. La madre abandona su refugio cada vez más a menudo.

A partir de las cuatro semanas, los cachorros mordisquean el morro de la madre para inducir la regurgitación de la comida ya masticada. Este comportamiento desaparece en las perras domésticas y sólo queda el mordisqueo de los cachorros.

La eliminación

Después de mamar, la perra coloca a sus cachorros sobre el vientre y lame la región perineal para desencadenar la micción y la defecación. La madre absorbe los deshechos y limpia luego a los cachorros.

La eliminación en los cachorros durante el primer periodo de vida es por lo tanto un acto reflejo.

Los cachorros son cada vez más autónomos. Hacia las tres semanas, el cachorro sale del abrigo; luego, a las cinco semanas, se determina un área de defecación en la que los cachorros hacen todas sus necesidades. Más adelante, el dueño deberá tomar el relevo para que el cachorro adquiera sus

hábitos de limpieza definitivamente.

En el cachorro macho, la postura de micción característica con la elevación de la pata posterior aparece entre los cuatro y los seis meses.

El comportamiento locomotor

El cachorro se desplaza muy poco en los primeros tiempos, y cuando se mueve, más bien se arrastra. También balancea la cabeza. Si se aleja del refugio y deja de sentir el calor de su madre o de los demás cachorros de la camada, la madre lo hace regresar.

Las patas del cachorro podrán sostenerlo sólo cuando tenga diez días. Antes, estará limitado al estado de «reptil».

Entre las cuatro y las cinco semanas, el cachorro ya no parece que vaya bebido y camina en línea recta efectuando un movimiento ondulatorio con el trasero.

Con siete semanas, la coordinación motriz es perfecta.

El sueño

Los periodos de vigilia son muy cortos en el periodo neonatal; representan un 5 % del tiempo y se dedican principalmente a mamar.

A las seis semanas, los pequeños ya duermen fuera del refugio y se separan.

El periodo de transición

Es posterior al periodo neonatal y dura hasta las tres semanas.

El cachorro sigue mamando, pero encontrar las mamas es más fácil, puesto que no se limita ya a guiarse con las patas. Utiliza también su olfato.

A los dieciocho días el cachorro ya puede beber con la lengua. La micción y la defecación se efectúan de modo reflejo, tras la estimulación de la madre.

Los cachorros aprenden a orinar por sí mismos al final del periodo de transición.

En cambio, el cachorro se desplaza cada vez mejor, y se mantiene perfectamente sobre las cuatro patas.

Los periodos de vigilia ocupan en ese momento un 35 % del tiempo.

El cachorro explora su refugio, y descubre a otros cachorros de la camada.

Empieza a jugar.

Los sentidos

Se abren los párpados: la vista sustituye rápidamente al tacto y al olfato. El cachorro oye bien y se sobresalta al mínimo ruido intenso.

Este periodo es muy corto ya que dura sólo una semana.

El periodo de socialización

Se extiende desde la tercera a la décima semana.

El cachorro será más independiente y su actitud está menos guiada por sus reflejos.

A partir de los veintiún días, empezará a tomar contacto seriamente con el mundo exterior, con los demás animales y su entorno. Conocerá las reglas sociales que dan ritmo a su vida. Este periodo es fundamental en el equilibrio de las relaciones entre el dueño y el perro en la edad adulta.

Todos los sentidos están entonces perfectamente desarrollados: el cachorro ve, oye, huele, etc.

La madurez del sistema nervioso que permite evolucionar al cachorro se adquiere a las siete semanas. El cachorro es capaz de aprender. Pero ¿qué significa el término *socialización*?

La socialización intra e interespecífica

La socialización intraespecífica

Permite al cachorro comunicarse con sus congéneres, a los que al principio reconoce a través de la madre, y a los demás cachorros de su camada. El ca-

Compañero infatigable, el golden formará parte de nuestra familia. (Fotografía de F. Dahan)

chorro toma entonces conciencia de que es un perro, ya que no es una noción innata en él.

La socialización interespecífica

Esta socialización es muy importante para tener relaciones normales con las demás especies, como el hombre. Existe un periodo llamado *de atracción* durante el cual el cachorro es apto para conocer a todo el mundo. Es preciso aprovecharlo y mostrarle las especies con las que estará en contacto. Gracias a ello, gatos y perros pueden entenderse muy bien. Pero, en cambio, es difícil recuperar más tarde las relaciones no adquiridas.

El cachorro retriever se socializa bien; se interesa fácilmente a la novedad.

El retriever y la caza

Perro de caza

El golden retriever figura en el octavo grupo de la clasificación de las razas, que incluye a los perros cobradores de caza, levantadores de caza y perros de agua.

Está especializado en buscar y cobrar la caza herida o muerta.

Posee además una memoria visual muy importante.

El adiestramiento para cazar

Podrá llevarse al retriever a un coto de caza a partir de los cinco meses. Las primeras salidas pueden realizarse en compañía de un perro más

adulto y ya cazador. Es preciso, para la mayoría de los retriever, una primera temporada de caza que le permita tomar conciencia de la caza y conocerla antes de empezar el verdadero adiestramiento.

A los seis meses, el retriever es sólo un «bebé» que necesita jugar con la caza, lo cual le ayuda a concienciarse de esta noción. Un perro que nunca ha visto a una presa no puede cazar.

A los seis meses, se trata sólo de adiestrarlo a obedecer. A partir del año, podrá empezar a adiestrarlo para cazar, lo que terminará hacia los dos o tres años. En la primera temporada de caza no tendremos que esperar mucho del perro. Es una toma de contacto. Deberemos notar que le apasiona la caza. Necesitará ver la presa y, por consiguiente, es preciso motivarlo. Luego, en la segunda temporada, deberá empezar el adiestramiento, que tiene como objetivo, al igual que todo adiestramiento, «frenar» el entusiasmo del perro. Si no notásemos ningún impulso por la caza, no podremos adiestrarlo.

Las etapas son tres:

— la toma de conciencia de la caza;
— el entusiasmo y la motivación por la caza;
— el adiestramiento.

Aquí encontraremos los consejos que permitirán, a un dueño no cazador, conocer las enseñanzas básicas.

Sentado

Este aspecto no presenta grandes dificultades, ya que

es una posición natural del perro. Es preciso lograr que la adopte para que esté en posición de escucha, esperando la orden siguiente.

Echado

Para dar la orden, los cazadores emplean mucho el término inglés *down*, aunque muchos otros prefieren la palabra *tierra*.

Es la orden más importante en el adiestramiento. El perro debe interrumpir cualquier actividad cuando su dueño le exige esta posición. Debe permanecer inmóvil, con el vientre en el suelo y el hocico entre las patas. El cazador puede lograr esta posición de varios modos: con la voz, con el silbato (dando un pitido largo para no confundirlo con la llamada) o con un movimiento del brazo, levantado hacia arriba, a la vertical.

Luego será preciso acostumbrar al cachorro a tumbarse a la vista o a la salida de la presa. Para ello se puede utilizar una paloma de entrenamiento. Esta posición es a veces instintiva para algunos perros, pero es preciso enseñársela a la mayoría. Así, deberemos coger con una mano las dos patas delanteras del perro y apoyar la otra mano sobre su cabeza. Luego tiraremos de las patas hacia delante diciendo *down*. Después es preciso alejarse del perro y lograr que se quede en esta posición repitiendo a menudo el término *down*. A continuación, haremos que se levante y diremos de nuevo *down*. El objeto de esta operación es lograr la posición a distancia. Utilizaremos primero la voz y luego el silbato.

Luego podremos entrenar al perro a obedecer el gesto. Levantaremos el brazo para que el animal adopte la posición de tierra.

Es preciso intentar que adopte esta posición en todo momento y en todas las situaciones con una simple indicación del cazador.

Una técnica muy extendida entre los cazadores consiste en no dar comida al cachorro hasta que esta posición se adopte correctamente.

La llamada

El perro debe regresar en seguida cuando se producen los gestos de su dueño y los silbidos. El gesto consiste en golpearse el muslo y el silbato se utiliza con silbidos cortos y repetidos.

Caminar

El perro debe aprender a caminar junto al dueño que lo dirige, con el hocico a la altura de la pierna izquierda.

El adiestramiento para cobrar la caza

La recogida «en caliente» se realiza tras el disparo. La recogida «en frío» se efectúa con el perro en posición de tierra. Se envía al perro a cobrar una pieza ya muerta. Se pueden utilizar «objetos» durante los primeros días, como pelotas llenas de semillas, trapos…

Los objetos deberán ser cada vez mayores, se dispondrán cada vez más lejos y luego se esconderán de modo más perfeccionado.

Los perros alemanes tienen tendencia a «atacar». Eso significa que a veces olvidan la parada y se precipitan sobre la presa. Es preciso evitarlo.

El adiestramiento sobre el terreno

• La búsqueda es la forma en la que el perro busca la caza, avanzando ante su dueño, siguiendo el viento, con el hocico alto, realizando curvas regulares de amplitud moderada. Es preciso empezar el aprendizaje en zonas donde no se pueda perder al perro de vista. Así podrá alejarse a la izquierda o a la derecha del cazador.

• La parada tiene un estilo distinto según las razas.

• Es necesario que se acostumbre a oír los disparos en posición de tierra y de pie.

• La presa deberá cobrarla sólo cuando el dueño se lo indique. La recuperación es un elemento natural en la mayoría de perros, pero es preciso corregir el «diente duro».

• Cobrar la caza en el agua.

• La parada siguiendo un patrón: parada tras ver detenerse a otro perro.

Las fórmulas de los cazadores

Recurrir a un perro ya educado para entrenar a uno joven es el método más utilizado. Para luchar contra el «diente duro» en la recolección, entrenan al animal a recuperar un huevo sin romperlo.

■ ALIMENTACIÓN Y CAZA

El régimen del perro debe adaptarse a su actividad, al igual que para cualquier deportista, antes, durante y después de la caza. El perro recorre casi diez veces más terreno que su dueño. El trabajo muscular y las modificaciones fisiológicas del esfuerzo aumentan las necesidades del animal. El perro de caza se asimila a un corredor de fondo.

Los lípidos son el mayor carburante energético necesario para el trabajo muscular.

Las necesidades de este tipo de perros se ven multiplicadas por dos o tres durante los periodos de caza. Será preciso dar al perro raciones altamente energéticas para cubrir sus necesidades sin aumentar de forma considerable la cantidad de comida. Se utilizarán preferentemente lípidos que aumentan la digestibilidad de la ración.

El índice de proteínas de la alimentación del perro de caza debe ser del 35 % de la materia seca. Son necesarios un 2,5 % de calcio, un 0,15 % de magnesio y un 1 % de fósforo. Deberán doblarse las cantidades de vitaminas A, D, K y triplicar las B_1, B_2, B_6, B_{12} y la colina. Existen alimentos completos para perros deportistas pero es preciso comprobar que lleven un 30 % de proteínas, un 20 % de materias grasas, un 9 % de minerales y un índice de celulosa débil.

La alimentación debe ser equilibrada, pero sobre todo debe ser perfectamente asimilada por el organismo para que sea eficaz.

Los *premium* para perros deportistas se adaptan muy bien a la situación.

Las pruebas

Aunque nuestro golden necesita hacer ejercicio, no por ello debemos convertirnos en cazadores. Existen otras maneras de que el perro se mantenga en plena forma. Las pruebas de *field trial* son una buena manera de conseguirlo, ya que realiza ejercicios muy similares a los que realiza un perro cazador.

El TAN

No se trata de un concurso ni de un *field trial*, sino el diploma que confirma la superación del Test de Aptitudes Naturales por parte del perro y que suele ser expedido por el club. Se trata de un título de conocimientos superiores.

Las pruebas que integran el TAN permiten que un perro joven o adulto (de entre seis meses a tres años) descubra sus cualidades naturales de cazador. La prueba dura entre diez y quince minutos.

Se toleran las faltas de adiestramiento. El juez examina el apasionamiento y el entusiasmo en la búsqueda de la caza. También juzgará la manera de detenerse en presencia de la pieza y analizará el comportamiento del perro durante el disparo.

El reglamento del TAN

Carácter del reglamento y de las pruebas

Artículo 1. El reglamento siguiente ha sido establecido con el fin de promover la cría de ejemplares que reúnen las cualidades de caza que todo perro cobrador debería poseer.

Artículo 2. Las pruebas que se prevén tienen como objeto comprobar la aptitud para la caza y no el grado de adiestramiento.

Organización

Artículo 3. Los exámenes son organizados por los clubes de la raza, y dependen de su única autoridad.

Artículo 4. Están abiertos a todos los perros de la raza que tengan como máximo treinta y seis meses, titulares simplemente del certificado de nacimiento o titulares del pedigrí definitivo.

Disposiciones generales

Artículo 5. Los examinadores: los perros serán juzgados por uno o dos examinadores, en principio escogidos por el comité del club entre los socios que posean un buen conocimiento de la raza y de las pruebas de trabajo; sin embargo, cuando las circunstancias no permitan su designación en reunión del comité, este trabajo incumbirá al presidente del club.

Artículo 6. El terreno: el examen se desarrollará en un terreno que presente un arbolado que permita que la presa se esconda y que el perro se mueva sin molestias (alfalfa, herbajes, paja, sin paja, sotobosque claro). Los terrenos demasiado difíciles deberán evitarse.

Artículo 7. La caza: en razón del precio y de su volumen, se dará preferencia a la codorniz. No obstante pueden utilizarse las demás variedades de caza menor.

Artículo 8. Preparación del terreno: se soltará la caza al menos un cuarto de hora antes de la prueba y lejos de la presencia del conductor del perro.

Artículo 9. Duración: de cinco a diez minutos con la obligación de que el perro repita la prueba tantas veces como sea preciso.

La prueba propiamente dicha

El comportamiento del perro será juzgado según tres criterios:

— *el instinto de búsqueda:* el examinador juzgará el entusiasmo y el apasionamiento del animal en la búsqueda de la presa sin dar demasiada importancia al método;
— *el instinto de parada:* será indispensable que una pieza de la caza sea localizada durante el recorrido; deberá exigirse una parada lejos de la vista de la caza; las faltas de adiestramiento, salvo el vuelo (perro que ataca), no tendrán efecto en la apreciación final;
— *el equilibrio:* de forma general, el examinador deberá asegurar el equilibrio del perro en todo el recorrido.

Más particularmente, es preciso que el perro no manifieste ninguna reacción temerosa cuando se produce el disparo.

En el momento en que la caza salga, se efectuarán dos o tres disparos.

En esa ocasión, el examinador no deberá exigir tranquilidad tras el disparo, sino que deberá apreciar el grado de temeridad del animal. Cualquier supuesta manifestación de miedo indicará que no se ha superado con éxito la tercera prueba.

Los resultados

Artículo 10. Al final del recorrido, se pueden presentar dos situaciones:

a) El examinador habrá observado sin equívoco:

— un apasionamiento por la caza en la búsqueda de la pieza;
— un buen comportamiento en su presencia;
— y un buen equilibrio durante el disparo.

El perro habrá satisfecho entonces todas las exigencias del examen.

El pedigrí será anotado del modo siguiente:

— entrega del certificado acreditativo de la superación del TAN;
— fecha y lugar del examen;
— firma e identidad de los examinadores.

La anotación se efectuará en ese momento o posteriormente si el perro aún no ha pasado el examen de confirmación morfológica.

b) Si el perro no supera las tres pruebas, el test será simplemente pospuesto.

Nueva presentación

Artículo 11. Si supera las pruebas, el perro ya no podrá participar en otro test de aptitud.

En cambio, el perro suspendido podrá ser presentado de nuevo antes de que cumpla los tres años de edad.

Convalidaciones

Artículo 12. Los perros que hayan sido clasificados durante pruebas oficiales de primavera o por «caza con disparo» están dispensados de las pruebas del test de aptitud, ya que sus cualidades de cazador han sido reconocidas.

Sin embargo, a título facultativo y tras la presentación del carné de trabajo, un examinador podrá indicar su pedigrí con la anotación siguiente: «TAN expedido por convalidación».

La preparación de la caza y de las actividades deportivas

Las medidas preventivas

La prevención contra los parásitos externos antes de un día de caza es indispensable. Lo más prudente es rociar al animal con un antipulgas y un antigarrapatas la víspera del día de caza. Existen actualmente en el mercado productos que mantienen su acción durante varios meses. También puede ponérsele un collar.

La preparación física es fundamental para evitar heridas y desfallecimientos durante la jornada de caza. Es preciso que el perro corra durante las cuatro semanas precedentes.

Hay que procurar que el perro corra con otros para estimular su velocidad, ya que si lo hiciera tras nosotros (corramos a pie o en bicicleta), sus resultados serían peores. Este consejo es sobre todo válido para los dueños que deciden cazar de manera ocasional.

Los cuidados de las patas es muy importante para evitar el calentamiento de las almohadillas. Además, al regreso de una jornada de caza es necesario prestar atención a las espinas que pudiere clavarse, los cortes que se infectan rápidamente, así como las lesiones que tuviere en las uñas. Asimismo, también habrá que comprobar que el estado de la piel y de las orejas es excelente.

Las vacunas

La vacuna antirrábica es obligatoria en la caza; además se aconsejan seriamente las vacunas habituales (CHLRP), así como la vacuna contra la piroplasmosis.

La preparación alimenticia

La preparación alimenticia es indispensable. Un mes antes del inicio de la caza, es preciso que el perro coma raciones enriquecidas de materias grasas. Luego, en las horas que preceden a la caza, es necesario darle azúcares lentos (arroz, pasta) para digerir. Durante la caza se administrarán azúcares rápidos (azúcar blanco).

La preparación muscular

Es indispensable para evitar cualquier accidente. Aunque

los cazadores experimentados ya lo saben, los «principiantes» deben tenerlo en cuenta. Un perro que caza debe estar preparado como un deportista. Deberá hacerlo correr regularmente.

El entrenamiento debe permitir al perro realizar un recorrido físico intenso y deben iniciarse al menos tres meses antes de la apertura de la caza para que sea eficaz. Algunos participantes en concursos hacen correr a su perro con la correa detrás de una bicicleta. No es un método recomendable, ya que el perro no es dueño de su esfuerzo.

La preparación psicológica

Si su retriever se ha acostumbrado a cazar, no deberá jamás dejarlo en casa durante un día de caza. Incluso aunque sea mayor, deberá llevárselo.

El permiso de caza

Hasta hace unos años este permiso se entregaba a toda persona que lo solicitaba. Recientemente se han endurecido de nuevo los requisitos.

Desde entonces, debido a mínimas medidas de seguridad, su expedición se somete a la superación de un examen teórico y de un control práctico de habilidad para el manejo y la utilización de armas de fuego.

La edad mínima exigida para conseguir el permiso de caza es de dieciséis años (en algunos casos específicos, catorce años).

El examen teórico es una prueba sobre el conocimiento de las armas de fuego y el reglamento.

Las solicitudes de inscripción deben tramitarse en la comandancia de la Guardia Civil. Existen tres convocatorias para realizar las pruebas (no deben pasar más de tres meses entre una prueba y la otra). La Intervención de Armas de la Comandancia de la Guardia Civil fija la fecha, previa petición del interesado.

El cazador debe mantener su permiso de caza permanentemente vigente, así como el certificado antirrábico de su perro.

Para obtener la validación cada año del permiso de caza es obligatorio un sello oficial.

El retriever y los problemas de salud

Es un perro bastante robusto, pero que manifiesta algunas debilidades de salud, especialmente en el ámbito digestivo.

A menudo es víctima de diarreas o de vómitos.

Las diarreas

Pueden ser de origen parasitario, víricas, bacterianas o alimentarias. El caso más clásico es el del retriever que come cualquier porquería fuera de casa.

Este tipo de diarrea viene acompañada de fiebre, el animal está activo y sigue alimentándose. Debe establecerse una dieta.

Las diarreas parasitarias se tratan con vermífugos para eliminar su causa.

Las diarreas más inquietantes son las diarreas bactericidas y víricas.

Las medidas de urgencia consisten en una dieta y una rehidratación. Es preciso que el animal beba para evitar un *shock* por deshidratación.

Las diarreas agudas

El estado general del animal se encuentra afectado. Está abatido, tiene fiebre y ya no se alimenta. Su vientre está hinchado y le duele. Se pueden oír ruidos.

El origen es a menudo viral, pero también puede tratarse de una afección del páncreas.

Las diarreas crónicas

El animal depone heces normales, luego recidiva, pero su estado general no cambia. El origen se debe a problemas de asimilación, por lo que debe realizarse un examen de las heces.

Los vómitos

Los vómitos agudos

Puede tratarse de una gastritis, una inflamación del estómago. Las intoxicaciones alimentarias o no alimentarias provocan vómitos.

Las afecciones de otros órganos del tubo digestivo, como el piometrio (infección del útero), la pancreatitis, provocan vómitos agudos que es preciso tratar rápidamente.

Los vómitos crónicos

Puede tratarse de insuficiencia renal, úlceras gástricas, afecciones hepáticas, tumores. Serán indicados un análisis de sangre y un tránsito digestivo (véase en la página siguiente el cuadro «Los exámenes complementarios corrientes en gastroenterología»).

El estreñimiento

Las heces son secas y la defecación es dolorosa. Los huesos a menudo provocan esos síntomas, por lo que es preciso limitarlos. Puede preverse con un suplemento de aceite de parafina.

Las urgencias digestivas

Pueden provocar la muerte del animal muy rápidamente y necesitan la intervención rápida de un veterinario.

El retorcimiento de estómago

Forma parte de las urgencias digestivas más graves.

Los perros de raza están más expuestos, por lo que el golden está en el grupo de riesgo. Aunque las causas son diversas, las comidas abundantes ingeridas con prisas y las grandes cantidades de agua bebidas durante las comidas predisponen al perro al retorcimiento.

Los alimentos que se empapan fácilmente con agua, como las sopas, favorecen la aparición de esta afección.

Los síntomas

El estómago se llena y si la respiración del perro se acelera (como tras un esfuerzo), se produce entonces un empuje pulmonar sobre el hígado y luego sobre el estómago, que es sacudido por balanceos. Este efecto pendular provoca la ruptura de un ligamento que sostiene el estómago y el bazo, que ya no se sostienen. El bazo se hincha porque la circulación de la sangre no está correctamente asegurada y arrastra el estómago en su rotación. Será necesaria una intervención quirúrgica. Se queja, intenta vomitar, gira en redondo y el dueño puede observar cómo se hincha el abdomen.

La operación consiste en abrir el abdomen, vaciar el contenido del estómago y poner el estómago de nuevo en su sitio. Es una intervención delicada ya que el animal está en estado de *shock*.

Prevenir

Las medidas de prevención son fundamentales. Hay que dar de comer al perro en dos comidas; que no haga ningún esfuerzo después de la comida y humedecer el alimento para evitar que beba demasiada agua.

Las intoxicaciones

Los golden tienen un olfato muy agudo y curiosean por todas partes. Las materias tóxicas más importantes son la estricnina y el metaldehído, que suele formar parte de los productos antibabosas. Los cachorros curiosos son sus principales víctimas. La mayoría de venenos provoca vómitos o convulsiones. El raticida, el descongelante, los productos de limpieza, los polvos y deter-
gentes para la vajilla, los decapantes para el horno, el desatascador del fregadero, la lejía, los productos farmacéuticos y los calmantes deben mantenerse alejados del perro.

En el caso de que ingiera alguno de estos productos, habrá que llevarlo al veterinario.

Las plantas tóxicas

Existen unas cuarenta plantas domésticas que pueden ocasionar varios problemas a su perro. No es algo que se considere siempre en el momento de comprarlas. En realidad, sólo existen unas veinte que sean verdaderamente peligrosas. Los síntomas seguidos de muerte son muy raros, pero se observan, no obstante, gastroenteritis, temblores, etc. He aquí una lista de plantas tóxicas con la parte de la planta más peligrosa: las raíces de amarilidáceas (narciso, junquillo, pita), las raíces de las liliáceas (tulipa, jacinto), los tallos, flores y hojas de las aráceas, los látex, tallos y hojas de las euforbiáceas son tóxicos; todas las partes de la azalea y del rododendro, los tallos y las hojas del crisantemo, la raíz del ciclamen, el ficus, la hoja del muérdago, los frutos del acebo, los frutos de la mimosa del Japón son también peligrosos. Esta lista no es exhaustiva, pero indica las principales plantas de las que es preciso desconfiar. Los síntomas más frecuentes son una salivación por quemadura de la boca, vómitos, diarreas y temblores. Pueden aparecer signos cutáneos tipo quemadura o pruritos. Aparecen signos oculares tras contacto con la savia.

Los accidentes en el hogar

Para evitar los accidentes domésticos existen algunas reglas esenciales. Es indispensable guardar todos los productos de limpieza en un lugar alto. Los armarios no bastan para desanimar el carácter explorador de los perros. Hay que guardar los cordeles y bolsas de plástico que atraen los cachorros y provocan oclusiones que necesitan una intervención quirúrgica.

La oclusión

El perro vomita, no come y no efectúa más sus necesidades. Todo el tránsito intestinal se detiene. Rápidamente llega al estado de *shock*.

Los perros que comen cualquier cosa son los que corren el riesgo de padecer la oclusión. Se comen juguetes, castañas u otros objetos que no llegan a pasar la barrera intestinal y son detenidos en el tubo digestivo. Esta afección es grave y obliga a una intervención quirúrgica que permita eliminar el cuerpo extraño.

Los problemas de la piel

El retriever es también sensible a los problemas dermatológicos que pueden ocasionar graves trastornos en el manto.

Por ello, es muy importante asegurarse de que el pelo del perro siempre se mantenga en el mejor estado posible dispensándole todos los cuidados que se consideren necesarios.

La primera afección es la presencia de parásitos en la piel. Las pérdidas de pelo son bastante frecuentes: for-

■ LOS EXÁMENES COMPLEMENTARIOS CORRIENTES EN GASTROENTEROLOGÍA

Sólo puede realizarlos el veterinario, pero es interesante conocer su desarrollo.

El análisis de las heces
Deben recogerse sin que hayan tocado el suelo, e introducirse en un recipiente estéril. El laboratorio efectuará un análisis parasitológico para saber si existen gusanos, un análisis de digestibilidad para saber si el perro asimila bien lo que ingiere y un análisis bacteriológico para descubrir posibles gérmenes.

La radiografía
Permite ver un cuerpo extraño opaco en el tubo digestivo. Esta prueba no necesita ni preparación ni anestesia.

El tránsito digestivo
El veterinario hace que el perro ingiera un líquido blanco del que se puede seguir la trayectoria con varias radiografías seguidas. Se puede así visualizar una detención del tránsito intestinal.

■ LOS PROBLEMAS DIGESTIVOS EN EL RETRIEVER

Los síntomas
Vómitos
Diarrea
Estreñimiento

Las urgencias
Retorcimiento de estómago
Oclusión

Los indicios de alarma
Dolor abdominal agudo
Deshidratación
Hipotermia
Presencia de sangre en los vómitos o la diarrea

Los primeros auxilios
El índice de deshidratación se ve cogiendo un pliegue de la piel
Tomar la temperatura
Diarrea: hacer beber al animal con una jeringuilla

El botiquín digestivo
Cura intestinal
Un antivomitivo
Una jeringuilla
Una botella de agua
Un termómetro
Aceite de parafina
Levadura

man parte del cambio anual. Sin embargo, si se aprecian calvas, pelos rotos o escamaciones, habrá que ponerse en contacto con el veterinario.

La pérdida de pelo puede estar motivada por un sinfín de causas: insectos, hongos, una alimentación inadecuada, dejadez…

La levadura, las vitaminas, los champús de aceite de yoyoba, ¿pueden ayudar al retriever a tener un manto de ensueño?

No es fácil establecer el valor exacto de los diferentes productos vitamínicos que se encuentran en el mercado.

El metabolismo de las vitaminas de síntesis es distinto del de las vitaminas naturales contenidas en frutas y verduras. Su absorción por el organismo del perro no se efectúa por completo.

Por otra parte, las vitaminas tienen una duración limitada, que a menudo es inferior a la del producto en el que se encuentran, pero todos los tratamientos no son ineficaces. El veterinario puede recomendar algunos productos que puede adquirir en una farmacia.

Ante todo, es preciso tener una causa médica para un problema dermatológico. El complemento vitamínico no es perjudicial, pero no debe constituir un tratamiento de partida.

Los parásitos externos

Las pulgas

El más conocido de todos los parásitos externos es la pulga. Existen pulgas de gato, de hombre y de perro. La pulga pasa poco tiempo en el perro y mucho más en el entorno. Será preciso por lo tanto pensar que también debe tratarse el entorno. Las pulgas provocan DAPP o dermatitis alérgicas por picadura de pulga y vehiculan los dipylidium (dipilidiasis), gusanos digestivos cuyos huevos son transmitidos por la pulga. La DAPP provoca pruritos muy importantes que pueden provocar placas supurantes infectadas. La prevención es pues esencial, ya que el perro es alérgico a la saliva de la pulga que inyecta al succionar su sangre. Una sola pulga puede bastar.

Las garrapatas

Se trata de otro parásito externo. Las garrapatas son peligrosas ya que transmiten una grave enfermedad: la piroplasmosis. Pueden, por otra parte, provocar la formación de un quiste cuando se retira demasiado bruscamente, ya que las mandíbulas permanecen agarradas a la piel. Más adelante veremos cómo luchar contra estos insectos, una plaga tanto del animal como del hombre.

Los ácaros

Los ácaros son pequeños ácaridos rojos y microscópicos que provocan fuertes pruritos y se localizan sobre todo en las patas y las orejas. Son, de hecho, las larvas que se fijan en la piel y succionan la sangre. Se presentan en forma de polvo naranja. Son frecuentes en verano en los jardines.

Los piojos

Los piojos se detectan por la presencia de liendres agarrados a los pelos. Son bastante raros en los perros bien cuidados.

Los demódex

Los demódex son parásitos de la piel que se encuentran esencialmente en las regiones cálidas y que provocan infecciones y pérdidas de pelo. Son invisibles a simple vista.

La sarna

Los acáridos son responsables de la sarna, afección conocida de la piel. El animal se rasca y se forman granos, sobre todo en las patas anteriores.

La tiña

La tiña forma parte de las micosis.

Está provocada por el desarrollo de un hongo en la base del pelo. Es muy contagiosa para los demás animales y para el hombre. Son características las lesiones redondas de pérdida de pelo, recubiertas por una fina película blanca. El animal no se rasca.

La lucha contra los parásitos externos

Es preciso luchar contra los parásitos que viven en el animal, pero también contra los que se refugian en el entorno.

Los productos antiparasitarios y los collares son idóneos para luchar contra las pulgas. Ya se fabrican productos para el entorno que permiten luchar contra las larvas y huevos de pulga que se hallan en las moquetas, parqués, etc.

Para retirar una garrapata, es preciso dormirla con éter y luego cogerla delicadamente con unas pinzas.

Para luchar contra la tiña, sólo puede ser eficaz un tratamiento de larga duración (un mes y medio) con un antimicótico.

La sarna se trata también con baños específicos.

El prurito

Es cuando se produce picor. Las pulgas provocan una DAPP, o dermatitis alérgica por picadura de pulga.

Otras enfermedades parasitarias —ácaros, demódex, piojos— pueden provocar prurito.

Un raspado cutáneo puede ser necesario para diagnosticar de forma precisa una afección parasitaria.

Los eczemas de causas varias (alergia, comida, etc.) también pueden ser causa de un prurito.

Las alergias

Provocan inflamaciones de la piel llamadas *dermatitis*.

El perro puede ser alérgico a la moqueta sintética, a una planta que ha rozado o a un tejido. En ese caso, la piel se irrita y enrojece. Las alergias a un alimento determinado son raras, si bien se dan casos en que aparecen pápulas en el vientre a causa de una dieta desequilibrada.

Algunas alergias pueden ser provocadas por medicamentos. En ese caso, aparecen escamaciones.

El veterinario puede realizar diversas pruebas que permiten saber a qué sustancia es alérgico el perro. Algunos alérgenos (productos que provocan una alergia) se inoculan

bajo la piel. Si el perro es alérgico a alguna de las sustancias inyectadas se desarrolla una gran pápula, en cuyo caso habrá que tomar las medidas correspondientes.

La depilación

Tras el prurito, se trata del problema dermatológico más importante. La depilación o pérdida de pelo, tiene orígenes muy diversos. Puede ser consecuencia de pruritos o ser de origen hormonal. Será preciso, en ese caso, efectuar análisis sanguíneos.

La hipotiroidea

La glándula tiroidea está situada en cada lado de la tráquea. Secreta hormonas tiroideas. Cuando no funciona, la producción de estas hormonas cesa y comienza a caer el pelo, la piel pierde su elasticidad y el animal padece letargo.

Las hormonas sexuales

Algunas disfunciones sexuales pueden provocar pérdidas de pelo.

El diagnóstico de esas afecciones glandulares se realiza mediante tomas de sangre.

Las glándulas examinadas son estimuladas mediante sucesivas inyecciones y las tomas de sangre permiten a continuación estudiar su funcionamiento.

La seborrea

La seborrea, que es un exceso de grasa en la piel por hiper-

secreción de sebo, puede ser seca o grasa. Suele estar acompañada de restos de las escamas de la piel. Aunque el golden no suele rascarse demasiado, el aspecto del manto cambia notablemente.

El sebo es secretado por las glándulas sebáceas situadas en la raíz del pelo.

La seborrea seca

La piel y el pelo están secos y tienen un aspecto cerúleo. Tras tocar el pelo, queda una fina película que recuerda la cera en los dedos. Se observan muchas películas finas y blancas en el manto. Parece sucio y mojado.

La seborrea grasa

La piel y el pelo están oleosos, se enganchan unos a otros. Los perros desprenden entonces un olor muy fuerte de grasa rancia.

Cepillar al animal con vigor no sirve de nada, las películas están «pegadas» al pelo. La seborrea se asocia a menudo a una afección parasitaria (ácaros, etc.). El tratamiento es a base de champús durante varias semanas.

Los abscesos

La aparición de granos supurantes o abscesos no se debe a que el perro reciba pocos cuidados.

Las infecciones se desarrollan rápidamente en el perro, ya que al lamerse las heridas superficiales provoca un trasvase de los gérmenes de la boca a la red de capilares, lo cual redunda en una infección que puede llegar a ser grave.

Los estafilococos son los gérmenes más tenaces. A menudo es preciso un antibiograma. El veterinario retira el pus y envía la muestra a un laboratorio. Allí harán su cultivo, identificarán las bacterias y se probarán muchos antibióticos hasta dar con el más eficaz. Algunos son, en efecto, totalmente ineficaces en un germen muy mutante. Los tratamientos antibióticos para la piel deben prolongarse a menudo durante un periodo de, al menos, tres semanas.

La hiperplasia de la glándula caudal

Esta afección se presenta sobre todo en los machos.

En efecto, existe en la base de la cola una glándula sebácea que puede desarrollarse e infectarse. Se forma un grano grande que el perro lame. En algunos casos quizá será necesaria una intervención quirúrgica.

Enfermedades del perro deportista

El golden retriever debe hacer ejercicio, ya que se trata de un perro que necesita gastar energía, pero es preciso conocer los riesgos que conlleva cualquier actividad física.

Los largos paseos al aire libre son indispensables para el equilibrio del golden retriever. (Fotografía de F. Dahan)

■ **RESUMEN**

Los problemas
Depilaciones
Prurito
Parásitos
Infecciones

El botiquín dermatológico
Gasas
Alcohol
Betadine o alcohol yodado
Pomada antibiótica
Jabón de Marsella
Suero fisiológico

Posibles exámenes
Examen del pelo al microscopio: se arrancan algunos pelos y se colocan entre las láminas del microscopio. El resultado del análisis es rápido.
Cultivo: se depositan los pelos en una sustancia nutritiva para estudiar el desarrollo de gérmenes. Son necesarios quince días.
Lámpara de Wood: examen inmediato para detectar la tiña.
Toma de sangre: para detectar la presencia de gérmenes.

Primeros auxilios
Limpiar una herida desde el centro al exterior con jabón y lavar abundantemente.

Los trastornos son diversos. El golden retriever puede padecer heridas sangrantes —cuya gravedad oscila desde el rasguño a la hemorragia—, torceduras, luxaciones, fracturas, espinas en los ojos, orejas o espacios interdigitales (o incluso en el manto), mordeduras de víbora y picaduras varias.

El cansancio del glucógeno hepático

Se debe a un esfuerzo demasiado importante y demasiado largo en un perro mal entrenado, sobre todo en épocas de calor. Eso conlleva una hipoglucemia conocida como «histerismo de los perros de jauría». Se ve favorecida por la falta de entrenamiento y los regímenes hiperglucídicos.

El agotamiento del glucógeno muscular

Puede aparecer entre dos y tres horas después del esfuerzo. Solamente el aporte de azúcar durante el entrenamiento permite evitar ese problema.

Cuando se producen los problemas por hipoglucemia, los síntomas son una debilidad muscular repentina, una parálisis del tren trasero, pérdida del equilibrio y también temblores.

La crisis suele desaparecer en una hora. Un buen tratamiento consiste en dar azúcar al perro. Si la crisis es importante, se pueden administrar perfusiones de soluciones glucosadas.

La deshidratación

Cuidado con la deshidratación durante el esfuerzo. Conviene dar con frecuencia agua azucarada al perro.

En caso de crisis, el perro parece que se le hundan los ojos y la piel es menos flexible. Conviene atajar el problema de inmediato porque el perro puede caer en coma.

El golpe de calor

Es más frecuente cuando hace calor, durante un esfuerzo intenso (carreras, *agility*, etcétera).

El golpe de calor es una congestión de todo el organismo debido a que este último ya no consigue regular su temperatura interna.

El animal respira fuertemente; su temperatura sube a 41 °C, adquiere un tono cianótico; las mucosas se vuelven violetas. Se pueden producir crisis convulsivas o llegar al coma.

El riesgo de muerte es importante.

Es preciso enfriar rápidamente la cabeza del animal y ponerlo en perfusión.

La rabdomiólisis del esfuerzo

Este problema funcional es específico de los grandes esfuerzos. El animal presenta un movimiento difícil, un dolor muscular muy importante, los músculos están duros y el perro orina sangre. Esta crisis puede llegar durante el esfuerzo o al día siguiente.

La prevención de esta afección radica sobre todo en el entrenamiento regular del perro.

Los problemas locomotores

Durante la caza, por ejemplo, suelen darse con cierta frecuencia.

Las heridas de las almohadillas

Son más frecuentes en terrenos rocosos o en las zonas espinosas sobre todo si los perros no están preparados.

Los accidentes óseos y articulares

La torcedura se debe a un movimiento forzado de una articulación. Los perros se hacen una torcedura corriendo y «cayendo» en una depresión localizada. El dolor puede ser intenso en ese momento. El perro cojea entonces de forma muy marcada en frío tras el esfuerzo. La articulación está a menudo hinchada. La luxación se debe a una salida de los huesos del marco de la articulación.

Los accidentes musculares

El calambre es una contracción involuntaria y dolorosa de un músculo. Se produce tras un ejercicio en frío por falta de entrenamiento. La contusión muscular se debe a un choque que no provoca corte contra un obstáculo (tal como sucede en el *agility*, por ejemplo). La tendinitis, específica de perros poco entrenados, es una inflamación de los tendones. El desgarro muscular se debe a una contracción demasiado rápida y violenta de los músculos.

La ruptura de ligamentos cruzados de las babillas

Se produce cuando el perro pone el pie en un agujero, por ejemplo. El perro nota un fuerte dolor y luego lleva su pata posterior debajo del vientre. Ya no se apoya sobre la pata. Deberá efectuarse una intervención quirúrgica.

■ EL RETRIEVER DEPORTISTA

Prevención de accidentes
Entrenamiento regular
Adaptar su alimentación a sus necesidades
Masajes antes del esfuerzo
Realizar una sesión de calentamiento
Hacerlo beber

El botiquín del deportista
Vendas
Compresas
Pinzas (para las espinas)
Un gel calmante
Aspirina
Agua
Azúcar

La reproducción

La monta

La ovulación empieza a partir del decimoprimer día y se prolonga hasta el decimoquinto. Es por consiguiente en ese momento que es preciso practicar la monta; lo ideal es efectuar dos o tres montas a intervalos regulares durante este periodo propicio.

Sin embargo contar los días no es el método más fiable. La fecha de la monta ideal debe ser determinada después de que el veterinario haya realizado algunos frotis y se cerciore de los niveles de progesterona.

Existe un fenómeno muy especial en la perra, llamado *supergestación*, en el que puede concebir de dos perros diferentes, ya que la monta no detiene la ovulación. Por ello, después de que la perra se haya apareado con el semental, habrá que vigilarla para evitar cruces no deseados.

Asimismo, la perra puede ser montada al principio del ciclo o al final del ciclo. Existen periodos muy propicios, pero ello no significa que no corra ningún riesgo fuera de estos.

Es importante, para los perros de raza, realizar una declaración de monta, ya que permitirá después efectuar una declaración de nacimiento y obtener los correspondientes certificados para los cachorros.

El certificado de monta debe ser solicitado a la Real Sociedad Central de Fomento de las Razas Caninas en España (RSCFRCE), rellenado y luego firmado por los propietarios de la hembra y del macho, y vuelto a enviar a la RSCFRCE en las cuatro semanas siguientes a la monta. La RSCFRCE remitirá seguidamente un impreso que comprende ambas partes.

La declaración de nacimiento debe devolverse a las dos semanas tras el parto. Luego deberá realizarse una inscripción de camada a los seis meses.

Sin embargo, la monta no siempre da resultado. La perra puede rechazar al macho por varias razones (inmadurez, dolor, infección genital, falta de ovulación, etc.). Si ese fuese el caso, conviene consultar a un veterinario para diagnosticar las razones del rechazo.

La legislación de la monta

Aunque un propietario no se dedique a la cría de golden retriever, es indispensable conocer los aspectos más importantes de la legislación de la monta. Muchos dueños lo ignoran y se encuentran enzarzados en litigios inesperados. Si se desea un compañero de línea digno del perro que se posee, lo más sencillo es acudir a un club de raza para obtener propuestas de monta. También puede acudirse al veterinario.

¿Existe un precio para la monta? Sí, pero es muy variable. Por lo general es el dueño del macho quien valora las cualidades del semental y de la futura camada. El cálculo se hace en función de la belleza del animal, de su precio y, en el caso de un perro de caza, las cualidades técnicas del genitor pueden aumentar considerablemente el precio.

Si la monta no está financiada, el propietario del macho tiene derecho a un cachorro de la camada que escogerá él mismo. Si sólo hay uno, será para él.

El propietario de la hembra deberá desplazarse a la propiedad del macho para la monta. Todos los gastos originados por este desplazamiento serán a cargo del dueño de la hembra.

Sólo un semental debe montar a la hembra.

Debe redactarse un certificado de monta.

Es imprescindible consultar el reglamento si desea comercializar las camadas, ya que los litigios son muchos y todas las situaciones deben preverse antes de que ocurran.

La gestación

La duración media es de sesenta y cinco días.

A los dueños les gusta tener rápidamente un diagnóstico de gestación y saber cuántos cachorros tendrá la camada. Las técnicas establecidas para el diagnóstico de gestación son la ecografía y la radiografía, así como la palpación manual del abdomen.

■ **REFERENCIAS CRONOLÓGICAS**

Ecografía
D 18: bolsas fetales
D 22: fetos visibles
D 28: latidos cardiacos
D 43: vértebras

Radiografía
D 45: esqueleto visible (cráneo, raquis, costillas)
D 50: hombros, húmero, fémur
D 54: radio, tibia
D 56: pelvis

He aquí las referencias cronológicas para la ecografía, técnica más precoz, ya que puede efectuarse a partir del día veintinueve. En cambio, la radiografía es más tardía y no podrá ver una gestación hasta el día cuarenta y cinco.

El parto

Los signos indicadores de un parto son los siguientes. La lactación se establece veinticuatro horas antes del parto. La vulva está dilatada, el vientre descendido. Al principio, se observa una emanación incolora. En las veinticuatro horas que preceden al parto, se nota una bajada de la temperatura de 1 °C.

La duración del parto es de dos a doce horas; puede alcanzar las treinta y seis horas en las primerizas. La perra está inquieta, agitada, rasca el suelo e incluso puede vomitar. El intervalo entre dos nacimientos varía de los diez a los sesenta minutos. Eso corresponde a la fase de expulsión de las placentas que se realiza tras cada nacimiento. El rechazo de la última placenta se produce como muy tarde doce horas después del último nacimiento. La expulsión del primer cachorro es en general la más larga. El color verde de las emanaciones vaginales es normal.

Por regla general, en los perros, es la madre la que secciona los cordones umbilicales y el cachorro liberado mama casi en seguida.

Desde el momento en que la temperatura desciende 1 °C es preciso no abandonar a la perra durante veinticuatro horas. Desde las primeras contracciones, es necesario vigilar la vulva para saber si existe un rechazo de la bolsa de agua. Si se produce, deberá tirar del cachorro muy suavemente para ayudarle a salir. Si la bolsa no está abierta, habrá que romperla y liberar al cachorro. Es preciso cortar el cordón umbilical a dos centímetros. La madre puede sacar a los cachorros tirando ella misma de estos. Cuando el cachorro esté fuera, habrá que secarlo con algún tejido y luego, cuando comience a gemir, se colocará junto a la madre. Es preciso que sobre el lecho se haya instalado una bombilla calefactora.

Lo mejor es construir una caja cuadrada de un metro diez de lado para el parto en la que haya un borde de seguridad que evite que la madre arrincone a los cachorros en las paredes de la caja y los aplaste. Dos o tres días antes del parto habrá que instalar a la perra en la caja.

Las condiciones para el buen desarrollo de un parto son cuatro:

— el entorno de la perra no debe perturbarse;
— la perra debe estar tranquila;
— los tejidos (cuello, útero, etc.) deben estar correctamente dilatados;
— las contracciones del útero deben ser suficientes y el feto debe tener un tamaño normal respecto a la pelvis y presentarse en una posición normal, con la patas delanteras a lo largo de la cabeza que sale en primer lugar.

La lactancia

En las primeras horas, el cachorro mama el calostro rico en inmunoglobulinas que lo protege de las infecciones.

Es preciso vigilar el estado de las mamas de la perra, ya que algunos cachorros muy glotones provocan heridas que pueden infectarse.

Es preciso ayudar a algunos cachorros a mamar poniéndolos debajo de la mama y apretando para que suba la leche. Si lo deja buscar solo, puede que no logre beber lo bastante rápido tras el nacimiento.

Los cachorros

Puede darse el nombre que se desee a un cachorro, incluso si es pura raza, pero si se quiere presentar a una exposición o concurso, es preciso que la primera letra del apellido del perro corresponda a la del año de nacimiento del cachorro atribuido por la RSCFR-CE. El afijo es sólo el nombre de la cría, común a todos los cachorros de una camada, que sigue al nombre. Algunos afijos que representan a un criador son una garantía de calidad. Los afijos se depositan en la FCI (Federación Cinológica Internacional).

Para obtener un afijo, un criador debe ser miembro del club de la raza que quiere criar. La solicitud debe realizarse antes de los primeros nacimientos. El criador debe respetar entonces las reglas siguientes para que el apellido de los cachorros siga al afijo: producir sólo perros inscritos en el LOE (Libro de Orígenes Español) e inscribir la totalidad de los cachorros en el LOE.

HISTORIA
DEL GOLDEN RETRIEVER

Los orígenes del perro

Ciertamente no es fácil fechar con exactitud los orígenes del perro y mucho menos analizarlos. Muchos científicos lo han intentado, se han enunciado muchas teorías, y se ha reconocido que algunas de estas son seguramente las más probables... hasta que aparezcan los resultados de la investigación de otras personas que demuestran lo contrario con gran cantidad de pruebas «teóricas» y demostraciones. Por ello lo que se expone a continuación no debe tomarse como palabra de ley, y las personas que deseen saber más deberán orientarse a obras especializadas en el tema. Se considera que los perros surgen del mismo tronco de mamíferos que los osos, los mapaches, los gatos, las hienas, las focas, etc. En esta rama, el antepasado de los cánidos, como los lobos, los chacales, los licaones, etc., sería el *Tomarctus*, un depredador corto de patas que habría vivido hace quince millones de años. Existen otras teorías según el gusto de cada cual. Una de estas considera que los perros descienden de un solo y único tipo de animal salvaje y que las diferencias se

habrían desarrollado más tarde. Otra teoría parte del principio que el perro desciende de cuatro troncos primitivos surgidos del *Tomarctus*, a saber:

— el *Canis familiaris intermedius* sería originario del perro de turbera y del lobo, y habría dado perros de tiro y perros de caza: podencos, grifones, spitz y retriever;
— el *Canis familiaris leineri* sería el antepasado de los terrier;
— el *Canis familiaris inostranzewi* sería el antepasado de los dogos, boyeros y otros molosoides;
— el *Canis familiaris metrisoptimoe* sería el origen del lobo indio y habría dado origen a las razas pastoras.

Así, según estas hipótesis, que son a veces muy complicadas, durante mucho tiempo se ha considerado que algunos perros descendían del lobo, otros del chacal, y algunos quizá de otros cánidos cercanos a los dos primeros. Pero actualmente la mayoría de los investigadores están de acuerdo en considerar que todas las razas de perros tendrían

como origen exclusivamente al lobo. Es cierto que si se observan los lobos y los perros se pueden ver muchas concordancias tanto en el comportamiento como en la morfología. Es cierto sobre todo, o al menos decisivo, en cuanto a la forma de los dientes y la composición de las proteínas sanguíneas. Estas últimas son idénticas en el perro y el lobo, mientras que son manifiestamente diferentes en el chacal, por ejemplo.

■ ¿QUÉ OCURRIÓ CON LOS DINGOS?

¿Se trata de perros que se han vuelto salvajes o de cánidos originariamente libres? Parece ser que la primera hipótesis es más verosímil, pero entonces ¿por qué no ladran nunca? ¡Un problema difícil!

Si se considera que el perro es efectivamente el antepasado más probable del perro, ¿qué sucedió en los primeros contactos con el hombre, y cómo se ha sellado un pacto de ese tipo? Se cree que este acercamiento ha durado seguramente mucho tiempo, siglos. Existen muchas posibilidades de que los hombres de la prehistoria, hace aproximadamente de 10.000 a 15.000 años, encontraran a un lobo pequeño cuyos padres habían muerto (quizás a causa de esos mismos hombres) y lo hubieran criado.

Quizá también los lobos se acercaron progresivamente a los hombres para comer los restos de alimentos, y que se hubiera establecido un acuerdo: una especie ayudando a la otra a cazar, y la otra «agradeciéndoselo» alimentándola. Aquí también existen muchas teorías distintas.

Seguramente con el tiempo cada cual acabó encontrando su beneficio, y las dos especies que actualmente son rivales (hace ya tiempo que el hombre no soporta al lobo y lo extermina casi sistemáticamente) lograron cohabitar en la mejor armonía posible, ayudados por el hecho de que el lobo es como el hombre: vive en sociedad.

Los orígenes del golden retriever

En general es bastante difícil intentar analizar los orígenes reales de una raza sea la que fuere. En efecto, la mayoría de perros tenían básicamente una función únicamente utilitaria y no se indicaban descripciones de orden científico; la cinofilia tal como la conocemos hoy en día es muy reciente. Además, muchas razas han suscitado un número incalculable de leyendas heroicas que son muy difíciles de comprobar. Sucede especialmente con los animales que han servido en las invasiones, las «grandes partidas de caza» y otras actividades particularmente violentas.

Por suerte, el golden retriever ha escapado a todas esas historias enrevesadas, y como su historia es muy reciente, a semejanza de muchos perros de caza o pastores, se poseen suficientes y precisos documentos para esbozar el reco-

rrido de su existencia. Esos documentos, de los que hablaremos más adelante, no pueden criticarse en absoluto desde el punto de vista de su veracidad en conjunto, y todos los autores están de acuerdo en la descripción de la historia de esta raza tan simpática.

Aunque el retriever fue creado en el siglo XIX en Gran Bretaña, se conoce mal el proceso de selección. En inglés el término *retriever* significa «cobrador», lo que indica que se trata de perros cuyo papel es buscar la presa abatida por los cazadores y luego devolverla. El adjetivo *golden* («dorado») se refiere el color del manto de esta raza. Parece ser que el labrador, primo del golden retriever, apareció en la década de 1820, y que los demás miembros de la familia saldrían de cruces entre el labrador, el terranova, el water spaniel y, según algunos, otras razas entre las que se encuentra el setter.

Si Sir Dudley Marjoribanks existió en realidad y fue el padre verdaderamente del golden retriever, el resto de la historia es completamente falso. En realidad, los principios de la raza parece que se remontan a la segunda mitad del siglo XIX, efectivamente en Gran Bretaña en la propiedad de Sir Dudley Marjoribanks, quien adquirió en 1854 el coto de caza Guisachan House situado en Escocia, concretamente en Iverness. Recibió el título de barón de Tweedmouth en 1881 (nombre con el que es más conocido en la literatura actual) y se convirtió en el primero del linaje que ostenta ese apellido.

■ **LOBO... ¿O PERRO?**

En esas épocas tan lejanas, los lobos no eran como hoy en día; de hecho ni tan siquiera eran lobos, sino perros de las turberas. Los que permanecieron en estado salvaje evolucionaron en lobos y los que fueron domesticados se convirtieron en perros.

Existen restos de perros propiamente dichos fechados hace aproximadamente 8.000 años y que vivían en Egipto. Esos perros tenían una apariencia muy cercana a la de nuestros lebreles actuales.

También existen muchos testimonios sobre la presencia de perros de distintas morfologías en distintos lugares y distintas épocas. Hace 5.000 años se realizaron esculturas que representaban a perros de aspecto muy impresionante, en Mesopotamia, China, Asiria, etc. Los perros eran muy apreciados para los combates en la Roma y la Grecia antiguas, pero empezaron también a granjearse el interés de la población por su compañía. La cría había empezado, pero ¿puede decirse que existiera alguna selección? Es cierto que los perros se convirtieron en especialistas de la caza, pero otros se convirtieron en perros de arrastre en las regiones nórdicas o también en ayudantes de cazadores, sin olvidar a los perros pastor y tantos otros.

A pesar de todo, la leyenda del origen del golden retriever es lo suficientemente divertida como haber mantenido su vigencia hasta hoy. A menudo se cuenta que Sir Dudley Marjoribanks observó a un grupo de ocho perros de un circo procedente de Rusia que realizaba un representación en Brighton. Esos perros, nacidos de un pastor del Cáucaso, impresionaron tanto a nuestro protagonista que los compró a precio de oro. Esta historia fue, además, relatada en la revista *Country Life* en un artículo redactado por Arthur Croxton-Smith y titulado «The Russian or Yellow Retriever» en 1914. Cuenta la historia que Sir Dudley Marjoribanks se llevó luego a esos animales a su propiedad en el campo y empezó la cría. Esta teoría de los orígenes del golden retriever fue apoyada por el coronel Per Trench y Mrs. Charlsworth (conocidos criadores de su época) e incluso por miembros de la familia de Sir Dudley Marjoribanks, en particular por Lewis Harcourt, quien era miembro de la Cámara de los Comunes y que adquirió más tarde Guisachan House. Harcourt, además de pertenecer a la familia de Sir Dudley Marjoribanks, fue la primera persona que presentó un golden retriever, con esta denominación, en una exposición oficial.

La leyenda pervive aún hoy y goza de una gran aceptación. De hecho, hasta hace muy pocos años se consideraba cierta, tal como puede comprobarse hojeando el catálogo de la exposición Cruft's (la más célebre en el Reino Unido) celebrada en 1960.

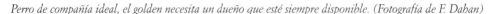

Perro de compañía ideal, el golden necesita un dueño que esté siempre disponible. (Fotografía de F. Dahan)

Nous o el principio de una larga descendencia

Lord Tweedmouth se apasionó mucho por la cría en todas sus formas; fue así como trabajó en la selección de bovinos, caballos, ponis y, claro está, perros. En este último campo el entusiasmo que dedicó al deporte en general y a la caza en particular lo orientó hacia las razas propias de esta disciplina: perros de parada como el pointer (*to point* significa «indicar», ya que estos animales se detienen para mostrar al dueño dónde se esconde la caza), terrier, y scottish deerhound o lebreles de Escocia, capaces de hacer salir del bosque, acorralar, atrapar y matar corzos y gamos. En 1865 Lord Tweedmouth compró un perro macho de color amarillo (el único de la camada) engendrado por retriever de pelo liso y negro (seguramente flat o wawy coated retrievers) a un zapatero remendón de Brighton que lo había obtenido de un guardia de caza que a su vez lo había adquirido del conde de Chichester. Ese perro se llamaba *Nous* («sabiduría» en gaélico), y se convertiría en el cimiento de la raza. Es muy probable que Lord Tweedmouth encontrara caracteres morfológicos particularmente interesantes en ese perro y que no sólo el color hubiera guiado su elección. En efecto, era bastante frecuente que en una camada de retriever, algunos cachorros se apartaran del color negro dominante para orientarse hacia matices más claros, incluso hacia el amarillo.

Es preciso señalar además que este fenómeno sucede también de vez en cuando, aunque los criterios morfológicos de los retriever negros como algunos labradores u otros flat coated retriever estén especialmente bien establecidos.

La descendencia de *Nous*

Lord Tweedmouth cruzó a *Nous* con una hembra llamada *Belle*, que había recibido como regalo de David Robertson, un parlamentario inglés de gran reputación. Esa perra era, según dicen, de raza tweed-water spaniel. No existe *a priori* ninguna prueba tangible en cuanto a la existencia real de esta raza, pero se considera que era seguramente una raza local hoy en día desaparecida. Tal vez fuera una especie de podenco gigante con un manto ondulado y de color negro o hígado, en todo caso muy oscuro, que habría vivido en las inmediaciones del río Tweed y que ayudaba a los pescadores escoceses en su trabajo. Sin embargo, algunos textos describen a *Belle* como de pequeño tamaño y de color fuego, lo cual no deja de ser chocante.

El resultado de esta unión fue una camada que comprendía cuatro cachorros de color amarillo: tres hembras y un macho. Esos cachorros nacidos en 1868 fueron bautizados con los nombres de *Cowslip*, *Primrose*, *Crocus* y *Ada*. *Primrose* y *Cowslip* se quedaron en Guisachan; *Crocus* fue regalado a Lord Tweedmouth II, y *Ada* fue regalada a un sobrino (el quinto conde de Il-chester). El único documento gráfico que atestigua la existencia de esta camada es un retrato de *Ada* en compañía de su dueño, el conde de Il-chester, y según personas que han tenido la suerte de contemplar esta obra, es sorprendente y admirable el parecido existente entre *Ada* y el tipo actual de golden retriever, casi ciento cincuenta años más tarde.

Más adelante, y a partir de la primera camada que había obtenido, Lord Tweedmouth constituyó progresiva y meticulosamente su selección para lograr un perro de múltiples cualidades. Ese trabajo continuó hasta 1890. Lord Tweedmouth murió en 1894. Se sabe que el creador de la raza utilizó muchas reproducciones consanguíneas (*inbreeding*), pero también aportó sangre nueva (*outcross*) de perros que aportarían o fijarían caracteres precisos a la raza. El objetivo final y confeso era, obviamente, lograr un perro perfecto para la caza: un perro con el olfato de los setter, la cualidad de pelo particularmente compatible con el agua del wawy coated retriever, las cualidades de caza así como la seguridad del spaniel y el color dorado. Se supone que en esa época ese color se consideraba como algo útil, ya que constituía una especie de camuflaje en los pantanos. Nuestro amigo debía de tener además una resistencia a toda prueba y no refunfuñar al saltar al agua incluso si se helaban las piedras.

Como decíamos antes, los orígenes de la existencia del golden retriever se conocen de forma precisa y se basan en documentos irreprochables.

Elma Stonex realizó durante años investigaciones para demostrar que la historia de los perros de circo era sólo una invención romántica y en 1952 el sexto conde de Chichester (sobrino segundo de Lord Tweedmouth) recurrió al periódico *Country Life* para publicar un artículo sobre los orígenes del golden retriever. Hablaba de sus recuerdos de infancia, pero sobre todo de un libro de orígenes personal que había llevado Lord Tweedmouth de 1864 a 1890 (año del nacimiento de los dos últimos cachorros amarillos registrados). Ese hombre tuvo el ingenio y la lucidez de anotar todos los cruces que habían realizado sus perros. Este libro, llamado *Libro de Chenil* se halla en la actualidad en posesión del Kennel Club inglés.

Aparición del estándar

En 1913 el Mr. Charlesworth fundó el Golden Retriever Club, y redactó el primer estándar. Durante el mismo año, el Kennel Club inglés, que consideraba a esos perros como una variedad amarilla del flat coated retriever, acordó un estatuto mediante el cual aceptaba la denominación de *golden* o *yellow retriever*. Pero fue en 1930 cuando el estándar se hizo oficial. A pesar de todo, los cruces interraciales siguieron autorizados para los retriever por el Kennel Club hasta 1971; el último registrado data de octubre de 1969: fue el de un labrador y un golden retriever.

La creación, y luego la potenciación de la raza fue fulgurante, ya que se trata ahora de una de las razas favoritas en todo el mundo y en particular para los anglosajones, mientras que era desconocida hace menos de un siglo. El golden retriever puede servir, es cierto, en muchas situaciones que no sean la caza (ayuda a discapacitados, búsqueda en escombros o aludes, seguimiento de pistas, *agility*, etc.), pero sigue siendo, sobre todo y ante todo, uno de los preferidos como perro de compañía, en particular en Gran Bretaña y en Estados Unidos desde 1950, pero también en Bélgica y en los Países Bajos desde 1980. En nuestro país su imagen es conocida por todos gracias a sus numerosísimas apariciones públicas (películas, anuncios de alimentos caninos u otros productos), y se encuentra cada vez más en nuestros hogares. Muchos personajes públicos y célebres aparecen en todo el mundo con un golden retriever, como los del rey de España, el rey de Bélgica, la reina de Inglaterra o el príncipe Juan de Luxemburgo.

¡GUISACHAN HOUSE EN RUINAS!

Mientras que el golden retriever consiguió asegurar su futuro, no sucedió lo mismo con la morada de Lord Tweedmouth: Guisachan House. Algunos problemas financieros provocaron la pérdida del techo de ese edificio que antaño había sido tan suntuoso. La residencia que en esa época era lujosa hoy en día es sólo una ruina. Una revista belga aconsejó en su día «visitar las ruinas de Guisachan House a los aficionados del golden». Se puede ver especialmente el ingenioso sistema de calefacción que Lord Tweedmouth imaginó para sus perreras. Sus perros lo eran todo para él.

La cinofilia oficial

Se designa con el término *cinofilia* a la organización oficial de las distintas actividades relacionadas con el perro. Se puede decir que la cinofilia moderna, tal como la conocemos nosotros, es relativamente reciente puesto que data de finales del siglo XIX.

Antes de esa época no existía ningún archivo de los distintos apareamientos y cruces realizados, a menudo de forma muy empírica, por los usuarios de entonces (cazadores, pastores, aficionados a las peleas o a las carreras). El primer sistema organizado vio la luz en Inglaterra, según el modelo de los *stud-books* utilizados para los caballos. Estos Libros de Orígenes no son más que grandes archivos de pedigríes en los que cada ejemplar registra su genealogía de forma certera y atestada. Una vez organizados estos registros, los amantes pueden reunir las características propias de las razas que desean crear o mejorar. Este conjunto de criterios, tanto morfológicos como caracteriales, recibe el nombre de *estándar*. Es gracias a él que los criadores pueden seleccionar a los sujetos con vistas a obtener el prototipo casi perfecto de la raza.

La cinofilia moderna

La cinofilia moderna se puso en marcha casi al mismo tiempo en los diversos países de Europa aunque los británicos tomaron enseguida una ligera ventaja. El British Kennel Club data del año 1873. La Sociedad Central para la Mejora de las Razas de Perros, organismo francés, se fundó en el año 1882. Ya en nuestro siglo, se fundaron la Real Sociedad Central de Fomento de las Razas Caninas en España y la Federación Cinológica Internacional (FCI). Todos estos clubes y sociedades se encargan de registrar los nacimientos de los nuevos ejemplares de perros de raza, consignar los pedigríes y líneas de sangre, controlar los tatuajes y chips identificativos, promulgar los estándares para cada raza, organizar los eventos cinófilos y facilitar las relaciones e intercambios entre los aficionados.

Actualmente la cinología se ha desarrollado considerablemente y constituye una importante red mundial de federaciones nacionales. En la actualidad, existen dos sistemas preponderantes, la FCI y los Kennel Club, así como una multitud de pequeños organismos independientes, no reconocidos por los dos primeros. Globalmente, los Kennel Club dirigen los países de tradición anglosajona, y la FCI el resto del mundo, y en especial Europa. En los Estados Unidos, el club oficial más importante es el American Kennel Club, aunque existen numerosos organismos disidentes, cada uno de ellos con su propio libro de orígenes y sus propios estándares de raza. Bélgica, un país de tradición cinófila muy antigua, posee los tres sistemas, la Société Royale Saint-Hubert, afiliada a la FCI, el Kennel Club belga y algunos clubes independientes.

La Federación Cinológica Internacional

En 1908, Bélgica creó la Société Royale Saint Hubert. El 22 de mayo de 1911, con la ayuda de Francia, Alemania, Austria y Holanda, esta sociedad consiguió que se adoptaran los primeros estatutos de la Federación Cinológica Internacional (FCI). Este organismo ha permanecido, hasta el momento en el que se es-

criben estas líneas, domiciliado en Bélgica.

La primera guerra mundial interrumpió las funciones de este organismo, que no fue reconstituido hasta pasado el conflicto.

El objetivo de la FCI es la de animar y proteger la cinología y la cría de perros de pura raza; está considerada como la autoridad mundial en este ámbito. Sólo reconoce un organismo responsable por cada país afiliado (en el caso de España, se trata de la RSCFRCE).

La FCI hace pues de nexo entre los organismos cinológicos de los distintos países que están afiliados a ella y permite de esta forma ofrecer una coherencia internacional. Uno de sus papeles primordiales es el de difundir los estándares de los países de origen de cada una de las razas que reconoce, si bien hay otros menos conocidos pero igualmente importantes.

En primer lugar, lleva a cabo estudios científicos que permitan la mejora de las razas caninas. Las líneas de investigación son las siguientes:

— epidemiología;
— marcas genéticas;
— propagación de señales patológicas;
— problemas de dopaje (por los que cada vez se teme más).

Por otra parte, controla y da el visto bueno sobre los Libros de Orígenes de cada una de las sociedades cinológicas nacionales. Además, reconoce y hace oficiales los afijos, que pasan a formar parte del repertorio internacional que se publica periódicamente.

También es importante su labor normativa, ya que promulga reglamentos que contemplan todos los aspectos que deben tenerse en cuenta en la actividad cinológica, desde el registro de cachorros hasta las competiciones, y que son revisados en los congresos internacionales que organiza periódicamente.

Además, la FCI homologa los CACIB (Certificado de Aptitud en el Campeonato Internacional de Belleza) y los CACIT (Certificado de Aptitud en el Campeonato Internacional de Trabajo).

La Real Sociedad Central de Fomento de las Razas Caninas en España

En España, la situación es mucho más sencilla puesto que todas las actividades oficiales dependen de un único organismo, la RSCFRCE. Su misión es compleja porque además de tener que desarrollar un papel de comunicación y de educación del público, ha de coordinar las acciones de las federaciones regionales (que organizan las exposiciones caninas), de los clubes de trabajo (que dirigen los concursos de trabajo en todas las disciplinas) y de los clubes de raza (que dirigen la cría de las razas que tutelan). La misión de las sociedades caninas regionales es la organización y supervisión de todas las manifestaciones que tienen lugar en su territorio. Cuando se trata de una exposición canina oficial, la sociedad regional no sólo supervisa puesto que se

trata de la organizadora oficial. Los clubes de trabajo, llamados también *clubes de educación* o *de utilidad*, son muy numerosos y todos siguen las directrices de la RSCFRCE. Su primera misión es la educación canina y la integración del perro en la sociedad, si bien la mayoría de ellos posee equipos deportistas que practican la competición a más o menos alto nivel y en distintos campos (deportes de morder, agilidad, obediencia, rastreo, trineo, etc.).

Los clubes de raza

Estos organismos tutelan una o varias razas específicas de las cuales son responsables. Son ellas las que deben asumir la mejor imagen de marca posible para su raza, informar al gran público, pero sobre todo orientar la selección, combatir las taras hereditarias, poner en marcha los test de carácter, etc. Los clubes de raza realizan igualmente una primera selección en las demandas de afijos, es decir, del nombre de cría que llevarán todos los descendientes de esa cría (de este modo, una perra llamada *Pietra del Bosque Negro*, habría nacido en el año de los perros cuya inicial es la pe, en el criadero Bosque Negro). A pesar de que el trámite se lleva a cabo a través de la RSCFRCE, la aprobación final depende de la Federación Canina Internacional.

Exposiciones y deportes caninos

Como vemos, la cinofilia agrupa numerosas activida-

ción (cría, trabajo, exposicio nes, etc.). En el caso preciso del labrador, nos encontramos ante un perro del segundo grupo (existen diez), dedicado al trabajo, por lo que puede participar en pruebas de trabajo y que debe demostrar sus cualidades para obtener alguno de los títulos oficiales. A continuación, pueden verse algunas de las manifestaciones más importantes de la cinofilia oficial.

¿Por qué un perro debe participar en una exposición?

Se puede participar en una exposición cuando se desea conocer oficialmente el valor y la belleza del perro. El título de campeón no es el único objetivo ni el único motivo de orgullo. Cuando se es propietario de un macho, se pueden tener expectativas de que llegue a ser un buen reproductor, y de que sus montas sean cotizadas. Si se posee una hembra, se puede programar una camada con un reproductor reconocido y vender los cachorros. Por último, debemos saber que para ser un buen reproductor, el perro no debe ser forzosamente un gran campeón (puede ser suficiente con un excelente en concurso, o con un certificado de aptitud para el campeonato).

Exposiciones

Las exposiciones de belleza se llevan a cabo normalmente los fines de semana (o a veces algunos días festivos) en mu-

chos países europeos. Pueden ser de ámbito nacional, en cuyo caso se otorgará el CAC o Certificado de Aptitud para el Campeonato de belleza, o bien internacional, donde se entrega el CACIB, o Certificado de Aptitud para el Campeonato Internacional de Belleza.

Inscritos varias semanas antes, los perros son juzgados por grupos de edad y por sexo, y las calificaciones van desde el no apto al excelente, pasando por el suficiente, el bueno y el notable.

Estas notas están simbolizadas por cartulinas de color blanco (no apto), amarillo, verde, azul o rojo (excelente). Después de haber examinado al perro inmóvil («estático») y luego en movimiento («al paso»), el juez entrega a cada concursante su cartulina de calificación, acompañado de un pequeño papel en el que consta su comentario explicativo.

Inscripción en una exposición

Las exposiciones pueden ser regionales, nacionales, internacionales, monográficas o especiales. Sólo pueden tomar parte en las exposiciones nacionales e internacionales los perros inscritos en el LOE. El club de la raza nos facilitará el calendario de exposiciones y toda la información al respecto.

Los perros se valoran por razas, sexo y clase en la que compiten. Cada perro puede participar en una sola categoría. Otra modalidad es presentar los perros en pareja o por lote de cría.

Clases y clasificación

Los perros pueden concursar en distintas clases: cachorros (o *puppy*), de 6 a 9 meses; principiante, de 9 a 12; jóvenes, de 12 a 18; abierta, a partir de los 15 (o 18 en exposición internacional); y de trabajo, también para perros de 15 a 18 meses de edad, según los casos, y para la cual hay que presentar algún título de trabajo (un carné de perro de defensa, un título de rastreo A, un RCI I, el Field Trial, el carné de caza o de desentierro para los perros de caza, el título de prueba de trineo para los perros nórdicos, etc.).

A partir de los 7 años, los perros pueden participar como veteranos. Los campeones homologados disponen igualmente de una clase aparte, a condición de que puedan justificar su título. Los cachorros y los principiantes no reciben una calificación del juez, sino una apreciación, que va desde bastante prometedor a muy prometedor, pasando por prometedor en función de las cualidades del cachorro. A partir de la clase de jóvenes, en cambio, se recibe una calificación tradicional, y el juez clasifica los cuatro mejores perros por orden de preferencia. Realiza lo mismo en las demás clases (abierto, trabajo y campeones). Los primeros sobresalientes de estas clases concursan luego para recibir el CAC o el CACIB, tan apreciados.

A partir de allí las cosas se complican un poco, puesto que estos títulos van acompañados por una «reserva» (RCAC o RCACIB) adjudicada por el juez al perro que se considera el mejor después del ganador del título pero que puede pertenecer a otra clase. Por ejemplo, si el primero de la clase abierta se lleva el CAC, el segundo de esta misma clase puede quedarse perfectamente con un sobresaliente, ya que el RCAC puede recaer en el primer clasificado de la clase de trabajo. Por otra parte, en la exposición nacional los perros que integran la clase de campeones no concursan para el CAC (pues ya lo tienen), que sólo puede obtenerse en la clase abierta o en la de trabajo.

En una exposición internacional sucede exactamente lo mismo, si bien un campeón puede recibir el CACIB, que le permite optar al título de campeón internacional. Todo esto puede parecer complicado al principio pero cualquiera que entre en el juego y se convierta en un aficionado a las exposiciones lo entenderá rápidamente. Los distintos CAC o CACIB acumulados, así como sus reservas, dan lugar todos los años a una prestigiosa clasificación que determina con los puntos, al final del año, las mejores crías y los mejores ejemplares de cada país, raza por raza.

Los campeonatos

Cada año tienen también lugar dos exposiciones más importantes que las demás, en las cuales el CAC que se concede es indispensable para obtener el título de campeón de España. En estas exposiciones, dado que comparecen numerosos ejemplares de cada raza, los aficionados pueden hacerse una idea bastante aproximada de la calidad de cría de su país y de los países vecinos, puesto que muchos extranjeros intentan venir para conseguir el título de campeón, uno de los más codiciados.

En resumidas cuentas, se trata de una cita que los cria-

■ **LOS DEPORTES «DE OCIO»**

Existen por otro lado pruebas deportivas más lúdicas como el *agility*, la obediencia, el *flyball*, el canicross, etc. El *agility*, equivalente a un concurso hípico adaptado para perros, es una actividad de gran valor, puesto que permite obtener una obediencia excelente, pero adquirida con el juego y muy gratificante para el animal.

dores veteranos y los aficionados más apasionados no dejarán pasar de largo bajo ningún pretexto.

Concurso de trabajo

Además de las exposiciones, existe un mundo también apasionante y quizá más útil aún para la raza: el de los concursos de trabajo. El labrador ha sido seleccionado ante todo como perro útil, y los fundadores de la raza no habrían querido seguramente un perro bonito pero que no supiese hacer nada. Las pruebas de trabajo, sometidas a un adiestramiento previo del perro, son el mejor medio, y el único, de medir las cualidades de un ejemplar. En el labrador se buscan ante todo las buenas dotes para el cobro y su pericia como nadador.

A pesar de ello, las pruebas de trabajo no suelen ser específicas para cada raza, por lo que los ejercicios han sido pensados para que todos los perros que participen puedan realizarlos. Lo que se busca en estas competiciones, además de la diversión, es la evaluación de las capacidades del perro para desempeñar cualquier tipo de tareas.

Direcciones de interés

Organismos oficiales, fundaciones y clubes de raza

REAL SOCIEDAD CENTRAL DE FOMENTO DE LAS RAZAS CANINAS EN ESPAÑA
Lagasca, 16, planta baja
28001 Madrid
Tel.: 91 426 49 60
Fax: 91 435 11 13;
    91 435 28 95
Web: www.rsce.es
Correo electrónico:
    administración@rsce.es

CLUB ESPAÑOL DEL TERRANOVA Y DEL LABRADOR
Ctra. de Valladolid, km. 3
09001 Burgos
Tel.: 947 29 13 00
Fax: 947 27 85 86

ESCUELA DE ADIESTRAMIENTO CANINO FUNDACIÓN ONCE
Prado, 24
28014 Madrid
Tel.: 91 589 46 00

FEDERACIÓN ESPAÑOLA DE AGILITY Y EDUCACIÓN CANINA (FEAEC)
Fray Junípero Serra, 59
46014 Valencia
Tel.: 96 358 00 71

Sociedades afiliadas a la RSCFRCE

SOCIEDAD CANINA ARATZ DE ÁLAVA
San Antonio, 43 bis,
    1.ª planta
01005 Vitoria
Tel.: 945 23 47 54
Fax: 945 23 47 54

SOCIEDAD CANINA DE ALICANTE
General Marva, 30
03004 Alicante
Tel.: 96 520 87 30
Fax: 96 521 24 70

SOCIEDAD CANINA DE ANDALUCÍA OCCIDENTAL
Castillo Alcalá de Guadaira,
    7, bajo A
41013 Sevilla
Tel.: 95 462 50 61
Fax: 95 423 75 73

SOCIEDAD CANINA DE ANDALUCÍA ORIENTAL
Valencia (edif. Don Pepe),
bajo A
18007 Granada
Tel.: 958 13 70
Fax: 958 13 70 86

SOCIEDAD CANINA DE ARAGÓN
Conde Aranda, 32-36
50003 Zaragoza
Tel.: 976 44 50 94
Fax: 976 44 54 00

SOCIEDAD CANINA DEL PRINCIPADO DE ASTURIAS
Periodista Adeflor, 3, pral. C
33205 Gijón
Tel.: 98 517 16 70
Fax: 98 517 16 70

SOCIEDAD CANINA DE BALEARES
Jerónimo Alemany, 4, bajo
07011 Palma de Mallorca
Tel.: 971 45 37 00
Fax: 971 45 37 00

SOCIEDAD CANINA DE BURGOS Y SORIA
Avda. José Antonio, 30, 1.º
09500 Medina de Pomar
    (Burgos)
Tel.: 947 19 17 10.
Fax: 947 19 06 08

SOCIEDAD CANINA DE CANARIAS
Barcelona, 10
35006 Las Palmas de Gran Canaria
Tel.: 928 23 39 85
Fax: 928 23 39 85

SOCIEDAD CANINA CASTELLANA
Arca Real, 14
47013 Valladolid
Tel.: 983 22 03 45
Fax: 983 23 83 24;
    983 23 08 81

SOCIEDAD CANINA
DE CASTELLÓN
Donat, 28, bajo
12002 Castellón
Tel.: 964 25 6257
Fax: 964 21 52 40

SOCIEDAD CANINA
COSTA DEL SOL
Avda. Carlos Haya, 83, 2.º E
29010 MÁLAGA
Tel.: 95 239 27 63
Fax: 95 230 36 79

SOCIEDAD CANINA
DE EXTREMADURA
Apartado de Correos, 355
06080 Badajoz
Tel.: 924 22 47 87
Fax: 924 22 47 87

SOCIEDAD CANINA
GALLEGA
Apartado de Correos, 3105
36080 Vigo (Pontevedra)
Tel.: 986 37 73 05
Fax: 986 37 71 62

SOCIEDAD CANINA
DE GUIPÚZCOA
Apartado de Correos, 1817
20080 San Sebastián
Tel.: 943 46 82 54
Fax: 943 46 82 54

SOCIEDAD CANINA LEONESA
Apartado de Correos, 1308
24080 León
Tel.: 987 29 11 87
Fax: 987 29 11 87

SOCIEDAD CANINA
DE LA MANCHA
Apartado de Correos, 212
02080 Albacete
Tel.: 967 52 04 34
Fax: 967 52 04 86

SOCIEDAD CANINA
MONTAÑESA
Juan José Pérez
   del Molino, 15
39006 Santander
Tel.: 942 37 68 68
Fax: 942 37 36 72

SOCIEDAD CANINA
DE MURCIA
Pintor Villacis, 6, 2.º izqda
30003 Murcia
Tel.: 968 21 42 45
Fax: 968 21 36 28

SOCIEDAD CANINA
DE NAVARRA
P.º . San Juan de la Cadena, 2
231008 Pamplona
Tel.: 948 17 65 70; 27 51 49
Fax: 948 17 65 70

SOCIEDAD CANINA
DE TENERIFE
Castillo , 41, Ofc. 219.
38002 Santa Cruz
de Tenerife
Tel.: 922 28 84 35
Fax: 922 28 84 35

SOCIEDAD CANINA
DE VIZCAYA
Alameda de San Mamés, 37
48010 Bilbao
Tel.: 94 443 20 44
Fax: 94 410 40 77

SOCIEDAD VALENCIANA
PARA EL FOMENTO
DE LAS RAZAS CANINAS
Guardacostas, 6, 5.º, pta. 9
46009 Valencia
Tel.: 96 347 88 17
Fax: 96 348 11 81

UNIÓ CINÒFILA
DE CATALUNYA
Galileo, 340, 3.º, 2
08028 Barcelona
Tel.: 93 419 30 67
Fax: 93 419 34 38

BIBLIOGRAFÍA

BINI, Bruno y GRASSI, Rodolfo (1992), *Cómo adiestrar al perro para muestra y cobro*, Barcelona: Editorial De Vecchi.

DE GIULIANI, Claudio (1998), *El adiestramiento de los perros de caza*, Barcelona: Editorial De Vecchi.

DELALIX, Anne Mary (1992), *Cómo adiestrar al perro en 6 semanas*, Barcelona: Editorial De Vecchi.

— (1999), *Guía ilustrada de los perros*, Barcelona: Editorial De Vecchi.

DESACHY, Florence (1999), *La educación del perro*, Barcelona: Editorial De Vecchi.

FALSINA, Giovanni y ROZZONI, Luca (1995), *El veterinario en casa. Cómo curar y cuidar a su perro*, Barcelona: Editorial De Vecchi.

GUINOULHIAC, Luisa (1998), *El golden retriever*, Barcelona: Editorial De Vecchi.

MUNDET, J. M. y BRIGHENTI, C. (1998), *Manual del cazador*, Barcelona: Editorial De Vecchi.

PANDOLFI, Andrea (1999), *El golden retriever*, Barcelona: Editorial De Vecchi.

RAIKES, Rio (1998), *El labrador y los otros retriever*, Barcelona: Editorial De Vecchi.

ROSSI, Valeria (1999), *Guía completa para el adiestramiento del perro*, Barcelona: Editorial De Vecchi.

Índice analítico

Impreso en España por
BIGSA
Manuel Fernández Márquez, s/n
08930 Sant Adrià de Besòs